Preface
前　言

　　乡村文化是文化在乡村的一种表现形式，是生活在乡村的民众在长期的活动中不断积累而形成的一种精神意识的综合，生活在乡村的民众主要由物质形态、制度形态与精神形态三个层面构成。乡村文化是中国传统文化的"根"，其在乡村长时间的发展过程中，已经渗透到人们生产生活的方方面面，并影响着包括农民在内的每一个中国人的生活。然而，随着城市化进程的推进，乡村文化逐渐被边缘化，甚至消失殆尽。面对这一趋势，如何加强对乡村文化的保护与传承，留住中国传统文化的"根"，是需要我们每一个人深刻思考的问题。

　　此外，随着人们生活、工作节奏的加快，以及旅游需求的不断增加，乡村也逐渐成为旅游目的地之一。乡村具有丰富的自然资源与文化资源，这些都对游客具有极强的吸引力，尤其对于长期在城市工作和生活的人而言，乡村已逐渐成为他们旅游的首选目的地。随着社会大众乡村旅游需求的增加，发展乡村旅游已成为必然趋势，但在此过程中，如何有效地保护和开发乡村旅游资源、创新乡村旅游产业的发展、将乡村文化继承与乡村旅游产业发展有机融合起来，已经成为迫切需要解决的问题。

　　本书立足乡村文化传承与乡村旅游产业创新，从理论和实践的角度进行了系统的分析和研究。本书一共分为七章，前三章以乡村文化传承为研究重点，在对乡村文化进行系统阐述的基础上，分析了乡村文化传承的要素，总结了乡村文化传承的总体路径；第四章到第六章以乡村旅游产业为研究重点，首先对乡村旅游与旅游产业进行了介绍，其次针对乡村旅游资源的开发与保护进行了解读，最后总结了乡村旅游产业的创新发展路径；第七章着眼于乡村文化传承与乡村旅游产业的融合发展，并以阜阳市为例，做了进一步的分析与解读。

　　本书将理论与实践相结合，在语言叙述上也力求简洁明了，但作者水平有限，书中难免存在疏漏与不足之处，望广大读者批评指正。

张松婷

2021 年 7 月 25 日

阜阳市政府－阜阳师范学院横向合作项目（平台提升）：挖掘皖北经济文化资源，重构新时代阜阳，XDHXPT201705

安徽省教育厅人文社科重点项目（皖北文化中心平台）：皖北地区乡村文化传承与旅游产业创新协同发展研究，SK2020A0312

2020 年阜阳市社科规划项目：乡村振兴背景下阜阳市农耕文化的价值升级与旅游化路径分析，FSK2020020

乡村文化传承与旅游产业创新：理论与实践

张松婷　著

吉林大学出版社

·长春·

图书在版编目（CIP）数据

乡村文化传承与旅游产业创新 ： 理论与实践 / 张松
婷著 .— 长春 ：吉林大学出版社， 2021.10
ISBN 978-7-5692-9192-6

Ⅰ．①乡… Ⅱ．①张… Ⅲ．①农村文化—文化事业—
研究—中国②乡村旅游—旅游业发展—研究—中国 Ⅳ.
① G127 ② F592.3

中国版本图书馆 CIP 数据核字（2021）第 215437 号

书　　名：乡村文化传承与旅游产业创新：理论与实践
　　　　　XIANGCUN WENHUA CHUANCHENG YU LÜYOU CHANYE CHUANGXIN：LILUN YU SHIJIAN

作　者：张松婷　著
策划编辑：邵宇彤
责任编辑：宋睿文
责任校对：冀　洋
装帧设计：优盛文化
出版发行：吉林大学出版社
社　　址：长春市人民大街4059号
邮政编码：130021
发行电话：0431-89580028/29/21
网　　址：http://www.jlup.com.cn
电子邮箱：jdcbs@jlu.edu.cn
印　　刷：定州启航印刷有限公司
成品尺寸：170mm×240mm　　16开
印　　张：11.75
字　　数：203千字
版　　次：2021年10月第1版
印　　次：2021年10月第1次
书　　号：ISBN 978-7-5692-9192-6
定　　价：59.00元

Contents
目录

第一章　乡村文化概述

第一节　乡村文化的概念与基础

一、乡村文化的概念

(一)文化

乡村文化是文化的重要组成部分。要明确乡村文化的概念，必须先明确文化的概念。何为文化？目前学术界对文化的认知和解读是多样的，这是由于文化本身就是复杂和多样的，但通过分析学术界对文化的解读，我们可以从中寻找到一些共同点，从而对文化的概念有一个初步的了解。

在我国，文化二字最早是分开使用的。"文"原指"纹理"，《说文解字》解释"文，错画也，象交文"。后来，"文"字逐渐演变为文物典籍、人文修养等意。"化"原指"变化、生成、造化"，如《庄子·逍遥游》中的"化而为鸟"。西汉时期，"文"与"化"开始合并使用，如刘向《说苑·指武》中有"圣人之治天下也，先文德而后武力。凡武之兴，为不服也。文化不改，然后加诛"。但是，这里的文化是以文教化的意思，与今天文化的含义并不相同。

现代"文化"这个概念，最早出现在爱德华·泰勒（Edward Tylor）《原始文化》一书中，他在书中对文化进行了系统的阐释，并对其做了界定："文化，或文明，就其广泛的民族学意义来说，是包括全部的知识、信仰、艺术、道德、法律、风俗以及作为社会成员的人所掌握和接受的任何其他的才能和习惯的复合体。"①1952年，美国文化人类学家克罗伯（Kroeber）和克鲁克洪（Kluckhohn）在整理当时文化学相关文献资料后，于《文化：一个概念定义的考评》一书中指出："文化代表了人类群体的显著成就，包括他们在人造器物中的体现；文化的核心部分是传统的（即历史地获得和选择的）观念，尤其是它们所带来的价值；文化体系一方面可以看作是活动的产物，另一方面则是进一步活动的决定因素。"②这一说法比较全面，所以在当时产生了深远的影响。

在我国，梁启超是较早对文化进行阐述的学者，他在南京金陵大学演讲时，对文化的定义进行了如下阐述："人类有创造、模仿两种'心能'，都是本着他的自由意志，不断的自动互发，因以'开拓'其所欲得之价值，而'厚积'其所已得之价值。随开随积，随积随开，于是文化系统以成。所以说，'文化者，人类心能所开释出来之有价值的共业也'。"③之后，梁启超又进一步对文化进行了解释，指出文化包含人类物质文明和精神文明两个方面。

如今，我国学者对文化的解读大多从狭义和广义两个层面出发。从广义上看，张岱年等人认为，文化是人类在处理人与世界关系过程中所采取的精神活动与实践活动方式以及创造出的物质与精神成果的总和，是活动方式与活动成果的辩证统一。④衣俊卿认为，文化与文明都是多层次、多维度的总体性存在。⑤从狭义上看，梁漱溟认为，文化包括法律制度、国家政治、宗教信仰、道德习惯等，也可以具体指文字、文学、学术、思想、教育出版等。⑥江华认为，文化是人对自然、本能的超越，是自由、自觉的创造性。文化是一种自组织结构，具有无限发展的趋势。每一步发展，既满足了精神的需求，又创造出了更多的需求，为文化的发展提供了更大动力。⑦

综上所述，虽然不同时期、不同地域、不同学者对文化的解读不同，但其核心内容是清晰的：第一，文化是人类活动的产物；第二，文化是多层次、多维度的；第三，文化是不断变化和发展的。

---

① 爱德华·泰勒.原始文化[M].连树声,译.桂林：广西师范大学出版社,2005：1.

② 黄敏.试论旅游与文化的内在联系[J].才智,2014,4(10):305.

③ 梁启超.梁启超讲文化[M].天津：天津古籍出版社,2005：133.

④ 张岱年,程宜山.中国文化与文化论争[M].北京：中国人民大学出版社,1990：2.

⑤ 衣俊卿.文化哲学[M].昆明：云南人民出版社,2002:19.

⑥ 梁漱溟.乡村建设理论[M].上海：上海人民出版社,2006：10.

⑦ 江华.文化哲学与文化建设[M].北京：国家行政学院出版社,2015：2.

（二）乡村

一般情况下，人们常常将乡村与农村等同起来，认为乡村便是农村，农村便是乡村。其实，如果从地理意义上来看，乡村与农村确实可以画上等号，但如果脱离地理意义，从更加宏观的视角去看，乡村与农村显然不能画等号。因为就"乡村"与"农村"两个词汇产生的时间来看，"乡村"一词沿用的时间更久，其更能体现乡村政治、经济、文化等各方面内容，也更能体现我国悠久的农耕文明与乡土性特征。

这一点其实从我们听到"乡村"与"农村"这两个词汇时产生的直观感受也有所体现。当我们听到"农村"一词时，脑海中首先联想到的一些印象是"落后""没文化""乱"，但听到"乡村"这个词时，脑海中浮现出的却是"袅袅炊烟""蓝天白云"。由此可见，"乡村"一词更能够表现我国乡村的乡土本色，并且已深深地融入人们的观念。也正是因为如此，人们在宣传一些东西的时候，更喜欢用"乡村"来代替"农村"，如"乡村旅游""乡村情结""乡村音乐"等。

作为一个以农业为基础的国家，我国乡村的发展历史已经有几千年，形成了独特的文化现象，并一直影响着社会发展。梁漱溟在《乡村建设理论》一书中指出，"乡村的实质是构造一种生活世界、一种社会秩序与意义秩序。中国原为乡村国家，以乡村为根基，以乡村为主体，发育成高度的乡村文明。"[1] 乡村是中国社会的基础和主体，中国的文化、法制、礼俗、工商业等无不"从乡村而来，又为乡村而设"。[2]

不得不说，在乡村发展的几千年时间里，乡村形成了以宗族、师徒、相邻等为纽带的一种复杂的社会关系，身处这张复杂关系网中的每一个人都受到这个"网"的约束，但也受这个"网"的保护。与此同时，生活在乡村内的人们具有共同的价值体系，这些价值体系同样也起着约束和保护的作用。从"乡村""乡曲""乡里"等范围去看，其价值体系大多是以儒家所倡导的"仁义礼智信"为规范；而具体到宗族中，则是在儒家思想基础上进一步细化和具体。生活在乡村中的人，必须要遵守乡村和宗族的价值规范，并履行自己的责任与义务。

总之，乡村作为一个地域空间，兼具政治、文化、经济、自然等特征，且

---

[1]　梁漱溟.乡村建设理论 [M].上海：上海人民出版社，2006：578.

[2]　梁漱溟.乡村建设理论 [M].上海：上海人民出版社，2006：10.

在我国社会发展过程中发挥着重要作用，是过去、现在、未来人类活动不可缺少的空间。

（三）乡村文化

关于什么是乡村文化，笔者通过查阅相关文献资料发现，不同的学者有不同的解读。周军认为，乡村文化是在乡村社会中形成的以农民为主体，以群众文化娱乐活动为主要形式，以乡村社会的知识结构、乡风民俗、行为方式、社会心理、价值观念为主要内容的文化。[①]江华认为，乡村文化是乡民创造的精神财富和乡民满足精神需求方式的总和。乡村文化的主体是乡民，他们生活在乡村中，形成了与乡村的生产方式、生活方式和思维方式相适应的一整套精神生产与消费的过程。[②]蒋占峰、李红林认为，乡村文化涉及农民的思维模式、文化水平、价值观念、人生追求、处世态度、生活方式等深层心理结构，反映了农民的心灵世界、人格特征与文明开化程度。[③]

结合上述学者对乡村文化的阐释以及前文对文化和乡村所做的分析，笔者认为，乡村文化作为文化存在的一种形式，作为乡村这一特殊地域产生的一种文化，其是在乡村大众长期的活动中不断积累而形成的一种精神意识的综合，其形成与发展的主体是生活在乡村的民众，其内容主要由物质形态、制度形态与精神形态等三个层面构成。与此同时，乡村文化在一定的时期内传播与传承，并影响着人们生活的方方面面。另外，乡村文化的发展还受自然生态环境、国家主流文化、经济发展等因素的影响，而随着我国社会发展速度的加快，乡村文化不可避免地受到外界文化的影响，这其实是历史发展的必然，也符合乡村文化动态发展的特征，但在动态发展中有很多东西需要传承，所以如何在发展乡村文化的基础上继承乡村文化，是值得我们每一个人思考的问题。

二、乡村文化的基础

（一）农耕文明是乡村文化的物质基础

农耕文明是人类在长期的农业生产活动中形成的一种文明形式。农耕文明

---

① 周军.中国现代化与乡村文化建构[M].北京：中国社会科学出版社，2012：6.

② 江华.文化哲学与文化建设[M].北京：国家行政学院出版社，2015：106.

③ 蒋占峰，李红林.农村文化建设视野中农民幸福感重建探究[J].长白学刊,2011,4(1):157–159.

的形成和发展不仅为人类带来了稳定的收获（包括食物和经济），为人们造就了相对稳定和富足的生活，还在此基础上衍生出了其他的文化。乡村文化便是其中的一种。

我国自古就是一个农业大国，将农业看作是"天下之大本也"，农业在整个社会生产中也占据主导地位。而在科技不发达的传统社会时期，农业发展很大程度上依赖于天，这就使农耕文明逐渐带上了"天人合一"的哲学理念。随着农业的发展，这种"天人合一"的理念逐渐渗透到以农耕文明为物质基础的乡村文明中，构成了乡村文明中一种主要的"精神藩篱"，使生活在其中的人们自觉遵守着人与自然的和谐关系。

另外，我国农业发展的形式大多是小农经济，规模小，自给自足，这是我国农耕文明的一个重要表现形式，而这种小农户形式无疑也影响着乡村文化的发展。不得不说，在小农经济这种模式下，因为村民能够通过自己的耕作自给自足，从而实现物质上的满足，所以彼此之间不会产生过多的利益纠纷，村民关注的更多是自己的农业技术，并祈求风调雨顺。如果说前面是从宏观视角强调人与自然的关系，那么在小农经济模式这一视角下，则可以从微观层面体现人与他人、人与自己的关系，即人与他人之间友善、和睦，人与自身之间辛勤、节俭。

当然，农耕文明本身也存在一些制约社会发展的深层惰性，这主要表现在两个方面：第一，村民在思想意识上具有一定的保守性和封闭性。因为通过自己的劳作能够实现物质上的自给自足，所以他们满足于这种日出而作、日落而息的生活方式，也遵循大自然的季节变换规律，并且形成了浓重的土地情结以及内倾性的文化心理，他们不假外求，对一些可能打破目前稳定生活现状的东西保持排斥心理。第二，小农形式使乡村中的村民相互分离，他们大多只为了自己的利益去努力，彼此之间难以形成有效的合力，所以孙中山先生曾经以"一盘散沙"来形容彼时的中国农民。当然，在遇到一些大的危难时，村民之间也会寻求联合，以求共同抵御，但这种联合常常仅限于一个村子，这同样是一个狭小的圈子，而且这个圈子也同样具有明显的内倾性，即对外来的事物存在强烈的排斥心理，从而造成了乡村社会的故步自封。

综合来看，虽然农耕文明存在的一些惰性使乡村文明在发展过程中出现了一些负面和消极的内容，但综合来看，其对乡村文明发展的推动作用更加明显，也赋予了乡村文明浓郁的特色，是乡村文明发展的重要物质基础。

（二）理论文化是乡村文化的社会基础

我国传统的乡村社会是以理论为本位的，这种理论文化影响了我国乡村数千年，并已深入乡村文化中。的确，即便在今天，在我国乡村甚至城市中，都依旧离不开延续了数千年的理论文化。早在 20 世纪中叶，黑格尔便针对中国传统的理论文化做过深入的研究，并进行了深入的剖析和解读。黑格尔指出："传统中国社会基本上是建立在'道德的结合上'。中国人常常认为自己是属于他们所在家庭的，同时，他们又是自己所在国家的儿女。家庭是个团结的单位，拥有着割不断的血缘关系和天然义务。在国家之内，家长制是最显著的人伦关系，皇帝犹如严父，为政府的基础，统治国家的一切。"①

我国著名的社会学家费孝通也对我国乡村的这种理论文化做过深入的剖析。费孝通认为："我们的格局……好像把一块石头丢在水面上所发生的一圈圈推出去的波纹。每个人都是他社会影响所推出去的圈子的中心。被圈子的波纹所推及的就发生联系。每个人在某一时间某一地点所动用的圈子是不一定相同的。"②费孝通提出的"波纹宗亲网"和"差序格局"生动地体现了乡村社会中的理论关系。

在传统的中国乡村社会，人们形成了以亲情为基础的血缘关系以及以地域为基础的地缘关系，并在此基础上形成了共同的理论关系。这种理论关系构建了一种基本的道德规范，生活在其中的每一个人都应该遵守道德规范，不能随意破坏这种既定且被人们认可的执行，否则就会受到人们的谴责，甚至受到惩罚。这种理论关系已经深深地嵌入乡村文化中，并且具有稳定性、传承性、认同性的特点，即便社会发生变革，这种理论关系依旧能够以不同的形态存在于乡村与人们的观念中，并继续发挥其作用，维护乡村的基本秩序与稳定。

---

① 黑格尔.历史哲学 [M].王造时，译.上海：上海书店出版社，1999:122.
② 费孝通.乡土中国 生育制度 [M].北京：北京大学出版社，1998：30.

第二节 乡村文化的功能与特征

一、乡村文化的功能

（一）乡村文化的社会功能

乡村文化的社会功能主要体现在两方面：一是规范维护功能；二是丰富大众社会生活的功能。乡村是建立在地缘关系与血缘关系基础上的社会。这种存在于乡村的地缘关系与血缘关系使乡村社会形成了一种约定俗成的社会规范，并在乡村长期的发展过程中融入乡村文化，成为一种独特的乡村社会景观。对于生活在乡村中的人来说，乡村文化中的规范性内容是每个人必须要遵守的，这在很大程度上保证了乡村社会的稳定。在现代化社会，国家强调依法治国，法律是每个人行事的底线与准则，但在道德层面，乡村文化中的规范性内容仍然在潜移默化地发挥着作用，规范着生活在乡村中的每一个人。

乡村文化丰富大众社会生活的功能主要依赖于乡村文化中的民俗事项。民俗事项的产生大多与农业有关，因为乡村自古便是以农业为根本，在科学精神还不发达的古代，农业生产受天气的影响很大，虽然前人凭借生产经验和智慧建设了一些水利工程，但天气仍然是影响农业生产最重要的因素。因此，在一些特殊的时期，人们常常会举办一些活动，以此来祈求风调雨顺。比如，藏族的"望果节"，"望"指庄稼，"果"是转圈的意思，"望果节"的活动便是围绕看庄稼转圈，以此来期盼丰收。而随着社会的发展，当农业生产进入机械化与信息化的时代，农场生产对天气的依赖程度也大大降低，民俗事项的意义也从最初的祈求丰收变为生活娱乐，极大地丰富了农民们的生活。

（二）乡村文化的经济功能

从某种程度上来说，文化是经济的内核，文化的繁荣能够促进经济的发展。在我国很多乡村，单纯依靠农业很难实现经济上的快速发展，只有做出观念上的创新，因地制宜地发挥乡村文化资源，积极发展旅游产业，如乡村文化旅游、民俗风情表演、民间艺术加工，才能实现产业结构的有效调整，打破单一的农业产业结构，进而促进乡村经济的快速发展。当然，对于乡村而言，农业始终是基础，但丰富产业结构是乡村发展的必然趋势，乡村应该充分利用其深厚的文化资源，积极发展文化旅游产业，从而推动乡村经济更快地发展。

文化作为社会中的组成部分，虽然处于社会上层建筑的位置，并且在长时间的历史发展进程中，人们始终强调文化的精神属性，但其实文化也具有很强的经济属性，它与经济的关系是密不可分的。尤其在现代社会，文化与经济已经相互融合，甚至文化已经成为新兴的朝阳企业。乡村文化作为文化的组成部分，自然也具有经济属性和功能，各乡村应该充分利用自身文化的特色性，积极发展文化旅游产业，使其成为乡村经济发展新的增长点。

（三）乡村文化的文化功能

我国在中共十九大提出了乡村振兴战略，其中，乡村文化振兴是乡村振兴战略的重要内容之一。随着我国经济的发展，一些城市建设越来越好，甚至与发达国家的城市相比也毫不逊色，如北京、上海等国际化大都市。但是，在城市快速发展的背后，那些见证着中华大沧桑变化的乡村却逐渐被人们忽视。在经济快速发展的今天，乡村依旧是我国的重要组成部分，所以实施乡村振兴战略显得尤为重要。而乡村振兴，文化为魂，乡村文化的文化功能便体现在乡村文化振兴上。作为数百年、上千年的文化积淀，乡村文化具有深厚的内涵，虽然其中也不可避免地存在糟粕，但也有更多的精华，我们应积极利用其中优秀的文化，助力乡村文化的振兴。

二、乡村文化的特征

作为在乡村这一地域形成和发展起来的一种文化形式，与其他文化形式相比，乡村文化有着自己独有的特征，具体表现在地域性、稳定性和民间性三个方面。

（一）地域性

我国幅员辽阔，不同地域之间的条件千差万别，包括自然条件和人文条件，而在乡村文化的形成和发展过程中，必然会受到其所在地域的环境的影响，这就使不同地域的乡村文化在形成和发展的过程中打上了地域的烙印。另外，我国又是一个多民族融合的国家，不同的地域之间也存在着由民族差异而形成的语言、文化、观念、历史等方面的诸多差异，这又进一步增加了我国乡村文化的地域性，使我国乡村文化呈现出"十里不同风，百里不同俗"的特点。

的确，在现代社会形成之前，虽然不同地域之间也存在经济、文化等方面的往来，但大部分乡村的大部分村民很少会离开家乡，其活动通常圈定在一定的地理范围内，尤其在社会稳定时期，村民可以自给自足，更不会离开自己长期居住的家乡。这一点在《汉书·元帝纪》中也有所记载："安土重迁，黎民之性；骨肉相附，人情所愿也。"这就导致村民的精神边界与地理边界是重合的，即村民一系列的精神价值的形成在一定的地域范围内，该地域以外的外部价值不会对村民的精神价值产生影响，而在居民精神价值基础上形成的乡村文化也自然被圈定在一定的地域范围内，不会与其他地域的文化产生交集。例如，乡村文化中的地方戏曲与民歌便具有浓郁的地方特色。

（二）稳定性

乡村文化一旦在一定的地域范围内形成之后，便不会轻易地改变，这体现了乡村文化稳定性的基本特征。乡村文化之所以具有稳定性的特征，主要有如下几个原因：其一，乡村文化具有地域性，这种地域性本身就会对乡村文化形成一种保护，使不同地域之间的乡村文化不受彼此的影响。其二，乡村具有自给自足的特点，包括经济以及文化上的自给自足，这使乡村在几千年的发展过程中始终带有封闭性这一特质；当然，这种封闭性不是绝对的，而是相对的，但正是这种封闭性，导致了乡村发展的迟缓性，这种发展的迟缓性使乡村文化的变革也呈现出一定的迟缓性，即稳定性。其三，乡村在几千年的发展过程中，孕育了农民的土地情结，使其逐渐形成了安土重迁的文化心理（这种心理在今天同样非常凸显），对自己长期居住的土地以及这片土地上形成的文化具有深深的眷恋感，从而使乡村文化能够在较长时间内依旧较为完整地保留。

当然，乡村文化虽然具有稳定性的特征，但在其发展的过程中，仍然会受到外界文化的影响，这是不可避免的，也是其发展的必然。其实，两种文化在接触之后产生的影响是相互的，这种相互的影响可能产生积极的作用，即两种文化吸收对方优秀的部分，在保持自己特质的基础上实现良性发展；但也可能产生消极的作用，即失去了自己的特质，彻底被同化，而这无疑代表着一种文化的消失。就乡村文化而言，其稳定性的特征决定其不会轻易被其他文化同化，这是值得我们庆幸的一点，而我们应该关注并积极利用乡村文化的这一特征，传承其优秀部分，从而使优秀的乡村文化在现代社会也能实现传承与发展。

（三）民间性

在乡村文化发展的过程中，由于其生长的地域是乡村，所以逐渐形成了鲜明的乡土色彩，并衍生出了民间性的特征。这种民间性的特征与美国芝加哥学派罗伯特·雷德菲尔德（Robert Redfield）的"小传统理论"非常相似，除了"小传统理论"，罗伯特·雷德菲尔德还提出了"大传统理论"，他认为"在某一种文明里面，总会存在着两个传统：其一是一个由为数很少的一些善于思考的人们创造出的一种大传统，其二是一个由为数很大的、但基本上是不会思考的人们创造出的一种小传统。大传统是在学堂或庙堂之内培育出来的，小传统则是自发地萌发出来并在它诞生的那些乡村社区的群众的生活里摸爬滚打挣扎着持续下去"。①显然，在我国以城市为中心、由政府推动而形成的文化属于罗伯特·雷德菲尔德所说的"大传统"；而以乡村为中心、由村民创造的文化则属于罗伯特·雷德菲尔德所说的"小传统"。

以民间信仰为例，这是一种具有鲜明民间性特征的乡村文化，如比较典型的祖先祭拜，即通过对祖先的祭拜，安抚祖先灵魂，并使家族得到祖先的庇护。在现代社会中，随着科学技术的发展，一些民间信仰由于带有封建迷信的性质被逐渐消解，但有些民间信仰因为其所具有的价值性被延续了下来，并得以在乡村中传承和发展。

第三节　乡村文化的形态

一、乡村文化的物态文化

乡村文化中的物态文化是指乡村文化中那些可感知且可触知的实体事物，这是乡村文化的物态表现，包括景观、饮食、手工艺等多个方面。

（一）乡村景观

乡村景观包括自然景观、人文景观和农业生产景观。其中，自然景观是其他景观产生的一个基础，而农业景观和人文景观则是在自然景观基础上发展而来的，三者之间相互影响、相互联系。

1.自然景观

从严格意义上来说，自然景观是指那些没有经过人类开发或者人类干扰很少的景观，但实际上，没有人类干扰的自然景观已经越来越少，所以此处指的

---

① 罗伯特·雷德菲尔德.农民社会与文化：人类学对文明的一种诠释[M].王莹，译.北京：中国社会科学出版社，2013：95.

自然景观是指人类干预较少，基本维持自然状态的景观。我国幅员辽阔，乡村自然景观丰富多样，是重要的旅游资源，吸引着越来越多的人，尤其是长期生活在城市中的人，更是对乡村的自然景观充满了向往。例如，安徽广德县的太极洞，洞中的石柱林立，钟乳石绚丽多姿，神态奇异，惟妙惟肖，被明代大文学家冯梦龙誉为"天下四绝"之一。

2.人文景观

人文景观又被称为文化景观，是指自然与人类创造力的共同结晶，反映区域独特的文化内涵，特别是出于社会、文化、宗教上的要求，并受环境影响，与环境共同构成的独特景观。人文景观作为古代劳动人民智慧与劳动的结晶，很多都蕴含着深厚的哲学思想，我们在观看时不能仅仅感叹于其中的技术与智慧，更要从中汲取其所蕴含的哲学思想。例如，安徽省黟县西递、宏村两处古民居，分别建于北宋和南宋时期，距今已经有近千年的历史。西递、宏村的村落选址、布局和建筑形态，都以周易风水理论为指导，体现了"天人合一"的中国传统哲学思想和对大自然的向往与尊重。那些典雅的明、清民居建筑群与大自然紧密相融，创造出一个既合乎科学又富有情趣的生活居住环境，是中国传统民居的精髓。西递、宏村独特的水系是实用与美学相结合的水利工程典范，尤其是宏村的牛形水系，深刻体现了人类利用自然、改造自然的卓越智慧。

3.农业生产景观

农业生产景观是以农业生产为主体的景观，这是我国乡村景观中最为基础的一种景观，也是影响最为深远的一种景观。的确，我国自古就是一个农业大国，社会生产以农业为主，乡村更是如此，由此可见农业生产景观的重要性。农业生产景观既包括农田及农田所处的自然环境，也包括农业生产劳作以及农业生产有关的器物。例如，梯田便是一种农业生产景观，该景观是在对自然环境进行改造的基础上形成的一种农业景观，非常美丽且壮观。其实，农业生产景观作为人为创造的一种景观，与人文景观有交集之处，而梯田便兼具两种景观的特点，既可以归属为人文景观，也可以归属为农业生产景观。

（二）乡村饮食

我国乡村自古就有"靠山吃山，靠水吃水"的说法，这体现了乡村饮食"就地取材"的特点，因此也使各地形成了不同的饮食文化。饮食作为乡村文化中的一种物态形式，既体现在食材上，也体现在做法上。以安徽为例，安徽饮食文化的形成与其独特的地理环境、人文环境和饮食习俗密切相关。黄山徽州地区擅长烧、炖、蒸，重油、重火功，主要名菜有黄山炖鸽、徽州虎皮毛豆腐、鱼咬羊、臭鳜鱼等。沿江风味以芜湖、安庆地区为代表，以烹调河鲜、家禽见长，擅长红烧、清蒸和烟熏技艺，代表名菜有清香炒鸡、火烘鱼、蟹黄虾盅、毛峰茶熏鲥鱼等。沿淮风味以蚌埠、阜阳等地为代表，善用辣椒配色佐味，代表名菜有焦炸羊肉、朱洪武豆腐、奶汁肥王鱼等。

（三）乡村手工艺

手工艺是乡村文化中重要的文化资源，也是乡村文化的一种物态形式。乡村手工艺最早仅限于一些必要生活用品，如篮子、竹扇、服装等，后来种类逐渐丰富，成为丰富村民精神文化生活的一个重要组成部分，如剪纸、花灯、泥人等。在工业技术不断发展的今天，在面对流水线上生产出来的一个个相同的工业品时，越来越多人将目光投向乡村的手工艺品。当然，在我们将目光投向乡村手工艺品的时候，不能只看到村民精巧的双手，还要看到这些精巧手工艺品背后，广大村民对生活所饱含的热爱之情与积极的态度，这才是最令我们动容也是我们最应该传承的精神价值。

总之，乡村物态文化是乡村文化的基础层，属于静态文化，同时也是乡村文化最为直观的表现形式，具有直接体验的特点，包括视觉体验、触觉体验等方面，因此能够使外来人员（主要是游客）对"他文化"（相较于游客本地文化而言）形成一种直观的感受。

二、乡村文化的制度文化

乡村制度文化是乡村地区在长期发展过程中形成的一种礼仪规范和伦理道德，它在维护乡村秩序与稳定上发挥了十分重要的作用。具体而言，乡村制度文化包括权力制度、理论制度和礼仪制度。

（一）权力制度

乡村在长期发展的过程中，逐渐形成了一种约定俗成的权力规范，其在维护乡村秩序以及整合乡村凝聚力上发挥了重要的作用。通常情况下，乡村权力制度由主持者、权力组织以及相应的惩罚制度组成。主持者通常由族长或者威望较高的人担任，权力组织由家族中的年长者或者威望较高的人组成，权力制度是在主持者的主导下由权力组织制定的。当某位村民违反了制度规范，主持者便会组织权力组织进行商讨，然后对违反制度的村民执行相应的惩罚措施。

另外，有些乡村的权力制度中并没有权力主持者和权力组织，但却存在一些约定俗成的"乡约",这些乡约同样发挥着权力制度的作用,约束着村民的行为。当村民违反乡约时,就会受到舆论的谴责,甚至会受到他人的排挤和惩罚。当然,无论是哪种形式的乡村权力制度,虽然在某个乡村的地域范围内具有绝对的权力,但扩大到国家范畴后,乡村权力制度不能超出法律的界限,其执行需要符合法律规定。反过来,法律的执行有时也需要考虑乡村权力制度,和乡村权力制度相配合,从而起到"1+1 > 2"的效果。不得不说,乡村权力制度与国家法律的有机结合,使我国乡村在两千多年的发展长河中始终能够维持相对的稳定。

(二)理论制度

笔者曾在前文指出,理论是传统乡村的本位,身处于乡村之中,便不能隔断理论,因此也自然会受到理论的约束与保护。其实,从某种意义上来说,理论制度是权力制度形成的基础,正是因为理论的存在,才使权力制度成为一种约定俗成的东西,因为反对权力制度,便是反对理论,这对于身处理论制度中的村民来说几乎是不可能的。当然,理论制度本身就可以起到约束的作用,但基于血缘关系与地缘关系的理论制度属于一种隐形的制度,所以还需要一种显性的制度去加强乡村的制度规范,由此便产生了权力制度。由此可见,理论制度与权力制度并不是相互割裂的,理论制度是权力制度的基础,权力制度是理论制度的延伸,二者紧密联系,共同维持着乡村的秩序与稳定。

(三)礼仪制度

我国自古就有"礼仪之邦"的盛誉,"礼"在我国的传统文化中占有非常重要的地位。在我国乡村长期发展的过程中,"礼"已逐渐渗透到乡村文化中,并成为乡村制度文化中的重要组成部分。在《说文解字》中:"礼,履也。所以事神致福也。"最初的"礼"是指宗教祭祀中的规矩,又历夏、商、周而形成一套典章制度,再后来,历经孔子及其追随者以及孟子及后代的儒家不断充实其内容,成为一套别贵贱、尊卑、长幼、亲疏的社会秩序的制度,即君君、臣臣、父父、子子,各依规矩行事,其含义与最初的宗教祭祀已不相同。而随着时代的发展,"礼"的规矩规范又得以不断发展和完善,为维护社会秩序发挥了重要的作用。

从上文对"礼"的解读中不难发现,"礼"在很大程度上仍旧是为维护社会秩序服务。其实,"野蛮"社会是没有秩序可言的,而"礼"的出现束缚了"野蛮"(当然,"礼"并不是社会进步,即从"野蛮"社会进入文明社会的必要条件,而是推动社会进步的一个重要条件),推动了社会的进步。显然,在我国乡村发展的过程中，"礼"在维护乡村秩序以及促进乡村发展中同样发挥了重要的作用。

就乡村而言，"礼"除了包含贵贱、尊卑、长幼、亲疏的社会秩序之外，还包含许多与农业生产有关的礼仪，这是乡村礼仪的独特之处。比如，播种、收获、渔猎等活动中各有各的礼节习俗，而且每种礼仪都有着一套完整的规范与程序。例如，景颇族的"社稷"农事活动，是以社庙"能尚"为中心展开的，各村寨都建有"能尚"。所祀神祇除了自然神之外，便是本族功烈显著的祖先，其神性主要体现在保佑村寨五谷丰收和人畜兴旺方面。村民通过祭祀"能尚"，祈求神灵庇护、庄稼丰收。[①]

三、乡村文化的精神文化

乡村文化的精神文化是指乡村作为一个稳定的共同体所具有的共同的心理结构与情感反应模式，并通过某种特殊的形式反映出来，如民间艺术、节日习俗等。乡村精神文化丰富了村民的精神文化生活，也为广大村民提供了精神寄托。

（一）节日习俗

我国有许多传统节日，其内容丰富、形式多样，是我国传统文化中的重要组成部分。但由于不同地域文化上的差异，所以即便在相同的节日，其习俗也会有所差异。比如，在大暑时节，北方不少地方的乡村有晒伏姜的习俗，即把生姜切成一片一片，然后晾晒在太阳底下，当水分被蒸发以后，再用一块纱布将里面剩余的姜汁挤压出去，放上红糖，水煮饮用。由于姜是热性的，所以不可过多饮用，有时为了提升口感，也可以将其放在冰箱里冰镇，但同样不可过多饮用。

此外，我国自古十分重视农业，所以也产生了很多与农事活动有关的节日，并逐渐形成了相应的节日习俗。比如，六月六日为乡村的岁时节日，农谚有"六月六，看谷秀"之说，意思是谷物进入抽穗的阶段，而抽穗的情况在很大程度上决定着秋收的收成。为了有一个好的收成，很多乡村在此时都会举办一些祭祀活动，如祭龙母娘娘、祭城隍等。

节日习俗的形成，有些是前人经验的总结，对于人们的生活以及农事活动具有一定的意义；有些以现代科学的角度去看并没有任何的科学依据，但这些

① 李锦山.中国古代农业礼仪、节日及习俗简述 [J].农业考古,2002,4(3):75-87.

节日习俗却寄托了淳朴村民的美好愿望，并且传达出一种积极的生活态度以及对自然的崇敬之意，这些才是我们最应该关注的，也是我们应该要继承的精神文化。

（二）民间艺术

民间艺术的说法是相对于学院派艺术而提出来的，目前对民间艺术的界定也有广义与狭义之分。广义的民间艺术是指劳动者为了满足自己的精神生活需求而创造的艺术，包含民间舞蹈、民间音乐、民间戏曲、工艺美术等多种艺术形式；狭义的民间艺术则将其界定在造型艺术的范畴里，如手工艺品。不可否认，民间手工艺品确实非常具有代表性，能够凸显民间艺术的特色，但显然不能将其看作是民间艺术的全部。因此，在本书的论述中，笔者更认可且采用民间艺术广义的概念。

民间艺术在形成的过程中逐渐渗透到人们生活的方方面面，是实用价值与精神审美价值的结合，并且在独特的社会环境下形成了独特的思维方式与思想观念。这些思想观念与中华民族的传统观念有关，也与当地的文化习俗有关，并且在其发展演变的过程中也受到外界环境的影响，由此导致诸多民间艺术之间审美情趣、思维模式、风格样式等特征既存在一定的联系性，又存在一定的差异性。的确，虽然不同地区的民间艺术存在一定的差异，但抛开其外在形式，其内涵大多与祭祀、纪念、祈福、信仰等活动有关，而这些活动的目的最终都指向生活，只不过在形式化的过程中受到当地文化、社会背景等诸多因素的影响，使它们最终呈现出了不同的形态。

无论是在民间艺术中寄托广大劳动者对平安、丰收、幸福的美好愿望，还是在民间艺术中表现出劳动者对自然、祖先、图腾的敬畏，其中蕴含的是广大劳动者最朴实、最迫切的社会需求和精神需要，并且这些需求是不加掩饰的、是直观表达出来的。对于上层文化者而言，这些不加掩饰的需求带有极强的功利性，使艺术不再纯粹，这也是上层文化者鄙薄民间文化的一个重要原因。其实，追求幸福、美好的生活是人最基本的世俗追求，无可非议，而广大劳动者能够将这种愿望直观地表达出来，不仅能够反映出其诚实、坦荡的一面，也反映出其积极的生活态度，这是值得我们肯定和需要继承的地方。

第二章　乡村文化传承的要素

第一节　传统乡村山水文化

一、传统乡村山水文化的形成

我国幅员辽阔，山脉、河流众多，为山水文化的形成提供了良好的条件。其实，在秦始皇封禅之前，人们仅仅将山水看作是自然的一部分，但自秦始皇在泰山封禅之后，山便开始被神圣化。早期对山的神圣化多用于祭祀，山真正具有观赏功能是在魏晋时期。在魏晋时期，人们开始推崇老庄返璞归真、天道自然的思想，并认为山水是老庄思想的体现，所以隐居、悠然山水间成为当时文人们的追求。在这一时期，文人们不追求名利，却热衷于名山胜水，山水诗、山水画便是从这个时期开始发展起来的。

当然，传统乡村的山水文化不仅体现在自然本身，还体现在人们对自然的利用和改造上。例如，在丘陵山坡上开垦而成的梯田沿着山坡呈阶梯状而下，体现了人们对自然利用和改造的智慧。的确，在人们的传统认知里，平原地区才适宜农业耕作，但这些生活在丘陵地带的人们却凭借自己的智慧，使本不适宜耕种的丘陵成为一片片的农田。这些沿山坡而下的梯田颇为壮观，尤其在水雾较多的季节，梯田笼罩在云雾之下，仿若天梯一般，非常壮观美丽，成为传统乡村山水文化中人文景观的重要组成部分。

二、传统乡村山水文化的构成要素

（一）自然景观

自然景观是大自然创造的艺术，这种艺术是多种姿态的、多种色彩的，也是多种声色的，更是多种味道的。流连于大自然的景观中，能够感受到大自然的美与力量，更能够获得精神上的愉悦与升华。具体而言，自然景观的美体现在如下两个方面。

1.动静相谐，虚实相生

动与静、虚与实是事物的两面，但这些却在自然景观上相谐、相生，赋予了自然景观独特的美。

（1）动静相谐。自然景观有动有静，如果从某个物象本身出发，这些"动"或"静"也许是孤立存在的，但如果从大自然这一宏观视角出发，这些"动"与"静"却可以相互联系、相互影响，并呈现出一种和谐的状态。比如，山属静态，水属动态，山与水结合到一起，便形成了动静相谐的审美形态，这也是乡村山水文化的主体。

（2）虚实相生。自然景观中也有实景与虚景。这里的虚景有两层含义：一是指变幻莫测、难以捉摸的物象，如云雾、霞光等。虽然可以看到，却瞬息万变，这种瞬息万变的物象和一些实景结合到一起，产生了意境朦胧之美，并给人变化万千之感，让人叹为观止。二是想象中的虚景，即人们在观看到实景之后会产生悠远的联想，那些在联想中出现的物象便是虚景，这些虚景虽然是想象，但却是在实景的基础上产生的，而且不受空间的限制，可以在人们的想象中无限延伸，从而使观景之人产生无穷无尽的审美享受。

2.具有多样的审美形态

我国幅员辽阔，自然景观的形态美多种多样，可以说每一座山、每一条河都有其独特的美。显然，我们不可能将每一座山、每一条河的形象穷尽，但却可以归纳出若干种形态，对其多样的审美形态做一个简要的概括。概括而言，我们可以用雄、秀、奇、险、幽、旷、野七个字来简要说明。

（1）雄。雄，即雄伟、雄壮，这是自然景观中最为震撼人心的一种形态。比如，五岳（中岳嵩山、东岳泰山、西岳华山、南岳衡山、北岳恒山）巍峨挺拔、气势磅礴，有一种拔地而起、直冲云霄的气势。再如，贵州黄果树瀑布落差70多米，宽约80米，俨然一幅巨大的水帘从悬崖上飞泻而下，难怪李白在看到庐山瀑布时会写出"飞流直下三千尺，疑是银河落九天"的千古名句，其雄伟壮观可见一斑。

（2）秀。秀，即秀丽，这些自然景观是大自然温润玉笔勾勒而出的，给人以舒缓、优雅之感。比如，杭州西湖，其三面环山，湖水碧波荡漾，水中荷叶连天，湖岸树木葱郁，湖中又有小岛，相映成趣。最为神奇的是其可在春、夏、秋、冬四季以不同的形态呈现出不同的美景，让人叹为观止。

（3）奇。奇，即奇巧、奇奥，这些自然景观给人以新奇、奇幻莫测之感。如溶洞，其形成是石灰岩地区地下水长期溶蚀的结果，石灰岩里不溶性的碳酸钙受水和二氧化碳的作用能转化为微溶性的碳酸氢钙。石灰岩层各部分石灰质的含量不同，被侵蚀的程度也不同，因此逐渐被溶解分割成互不相依、千姿百态、陡峭秀丽的山峰和奇异景观的溶洞。

（4）险。险，即险要、险峻，这些自然景观给人以惊心动魄之感。比如，西岳华山，有"奇险天下第一山"之称，千尺幢、百尺峡、老犁沟、擦耳崖、上天梯等险峰深谷奇险无比。但往往险要的自然景观也对人有着巨大的吸引力，所以越来越多的人喜欢去险要之地探寻美丽的风景。

（5）幽。幽，即幽静、幽深，这些自然景观给人一种超脱之感。比如，四川青城山有"青城天下幽"之称，其山峰峰峰相挽，洞壑幽深，再加上植被茂盛、古树参天，可谓幽深精美，身处其中，颇有一种超然世外之感。

（6）旷。旷，即开阔、平旷，这些自然景观给人一种天高地阔之感，能够让身处其中的人心情开朗、旷达心胸。比如，广袤无垠的大草原，一望无际，能够让人感受到《敕勒歌》中所描述的"天苍苍，野茫茫。风吹草低见牛羊"的野旷。再如，西北大漠，同样是一望无际，身处其中能够感受到"大漠孤烟直，长河落日圆"的开阔之感。

（7）野。野，即原始、天然之意，是那些几乎没有人工斧凿的自然景观。如今，随着旅游业的发展，越来越多的地方都开发成旅游景区，或多或少都有人工斧凿的痕迹，这是对自然景观的一种保护性和利用性开发，其实无可非议，但也正是因为有人工斧凿的痕迹，所以少了几分原始的野趣。而那些还没有被发掘的地方，或者被完整保护起来的地方，仍旧存在原始野趣。比如，神农架自然保护区，便是以原始森林的说法给人一种神秘之感，让很多人对其充满向往，同时也充满了敬畏之情。

需要指出的是，用雄、秀、奇、险、幽、旷、野七个字来简要概括自然景观的形态之美，只是一种粗略的总结，并不能将我国乡村山水文化中的自然景观之美全部囊括在内。而对这些自然景观的传承并不仅仅是将这些自然景观保护起来，还要通过这些自然景观认识到大自然的力量，认识到人与自然和谐相处的重要性，并落实到日常生活中。

（二）人文景观

人文景观又被称为文化景观，是指自然与人类创造力的共同结晶，反映区域独特的文化内涵，特别是出于社会、文化、宗教上的要求，并受环境影响，与环境共同构成的独特景观。而乡村山水文化中的人文景观的形成更多是受乡村山水文化的影响，但这种影响比较深入且广泛，所以其具体体现并不仅仅限于山水的地域范围内，在服装、建筑、聚落等方面都会产生影响。由此可见，乡村文化的各要素之间并不是相互割裂的，而是相互影响、相互联系的，笔者在此之所以将其分开论述，意在使论述更加直观，这一点需要读者有所了解。

通常而言，乡村山水文化中的人文景观有以下三个特点。

其一，能够处理人文景观与自然的关系，包括视觉上"露"与"涵"的关系以及观念上和谐共处的关系。首先，在"露"与"涵"的关系上，人文景观要充分考虑自然环境的特点，通过"露"或"涵"，与自然景观更加协调，从而在形成自身特色的同时为自然景观添色。比如，对于雄伟、开旷的山水景观，人文景观可以选择"露"，这样既可以使自己凸显出来，又可以反衬山的雄伟；对于幽深的自然景观，人文景观则应该选择"涵"，不去破坏自然景观的幽深，并借助自然景观的幽深为自己增添一分神秘的面纱。

其二，具有民族或地方特色。受民族或地域的影响，不同地区的人文景观往往具有鲜明的民族或地方特色，乡村山水文化中的人文景观也是如此。这些浓郁的民族或地方特色对游客具有强烈的吸引力，并吸引着人们来到此地感受文化的差异。比如，安徽省宣城市泾县查济古镇，它是中国最大的古民居群，鳞次栉比的古民居，散发着古朴典雅的气息，让身处其中的人无不被其魅力所折服。

其三，充分利用自然条件，对自然环境进行改造，使其为人服务，但又不会对自然环境造成破坏。前文提到的梯田便是人类利用自然而形成的一种山水人文景观。另外，四川的都江堰也是一种人类利用自然而形成的人文景观。都江堰位于四川省成都市都江堰市城西，坐落在成都平原西部的岷江上，是蜀郡太守李冰父子在前人修凿的基础上组织修建的水利工程。自建成之后，都江堰一直发挥着灌溉、防洪的作用，使成都平原成为"天府之国"。都江堰凝聚着古代劳动人民智慧与劳动的结晶，也集中体现了人与自然和谐相处这一思想观念，并对后世产生了深远的影响。

对乡村山水文化中人文景观的继承与自然景观一样，不能仅仅停留在保护阶段，还要学习古人的智慧，学习人文景观中蕴含的"天人"思想，并践行到日常生活之中。

第二节　传统乡村聚落文化

一、传统乡村聚落的类型

我国传统乡村聚落较多，这些乡村聚落承载着深厚的历史文化，展现着传统的乡间民俗，是乡村文化中的艺术瑰宝。从目前我国保留的传统乡村聚落来看，其大致可归纳为六种类型。

（一）规模宏大的北方古村落

北方地区由于地形相对平整，人口密度相对较低，所以村落规模一般较大，且密度较小。一般情况下，北方村落少则数十户，多则数百户，房屋与房屋之间的距离相对较远，地理分布上比较稀疏。当然，有些地区村落的房屋也较为紧凑，如东北地区，因为这些地区气候较为寒冷，且分布有山丘，不像平原地区地形一样平整和舒展，但规模依旧较大。在北方的村落中，山西大院是最为典型的北方院落建筑群，其布局严谨、主次分明，且配有精巧的石雕、木雕，粗犷却不失细腻，是我国北方地区保存最为完整的古代村落。

（二）淳朴无华的西北古村落

我国西北地区的古村落缺少山水的依托，少了南方地区村落的温婉，但用材及装饰的简单却反而凸显出了这些村落的淳朴敦厚，有些村落甚至以窑洞为居所。另外，这些地区的古村落大多采用平顶的方式，且屋身相对低矮，展现出了西北地区居民豪爽性格之外的一种含蓄美，即不追求所谓的华丽。这些淳朴无华的古村落沉寂在西北大地上，向世人诉说着其悠久的历史和淳朴的文化气息。

（三）古朴典雅的徽派古村落

徽派古村落主要分布在安徽、江西一带，具有鲜明的徽派建筑特色，其特点是大方典雅、自然古朴，有一种田园牧歌的意境，也蕴含有一种超凡脱俗的意蕴。例如，安徽省黟县西递、宏村两处古村落，分别建于北宋和南宋时期，距今已经有近千年的历史。西递、宏村的村落选址、布局和建筑形态，都以周易风水理论为指导，体现了"天人合一"的中国传统哲学思想和对大自然的向往与尊重。那些典雅的明、清民居建筑群与大自然紧密相融，创造出了一个既合乎科学，又富有情趣的生活居住环境，是中国传统古村落的精髓。

（四）小巧精致的江南古村落

江南素有"水乡"之称，这就决定着江南的古村落不可避免地会与水产生交集，形成小桥流水的独特风情。另外，受江南文化的影响，江南地区的村落不仅在布局上非常讲究，即道路、河流、祠堂、房屋等整体布局得当，在细节上也讲究精益求精，以体现江南的灵秀。例如，颇具代表性的乌镇，位于浙江省桐乡市北端，至今仍完整地保存着原有晚清和民国时期水乡古镇的格局与风貌，这里河网密布，街桥相连，水镇一体，充满了江南水乡韵味与水乡情致。

（五）个性鲜明的岭南古村落

这些村落主要分布在广东、福建一带，具有鲜明的客家人文化色彩。客家人是汉族的分支，从秦朝末年开始，北方的汉族人数次从北方迁居，抵达粤、闽、赣三地交界处，并经过千年的演化最终成为相对稳定的客家人。以客家人为主的村落不仅注重其实用性，还注重自身的布局与风格，具有鲜明的岭南特色。例如，福建土楼是以土作墙而建造起来的集体建筑，呈圆形、半圆形、方形、四角形、五角形、交椅形、簸箕形等，各具特色。

（六）另类浪漫的西南古村落

巴蜀地区的古村落和自然环境进行了较好的协调，它们或者沿着丘陵而建，或者沿着河流而建，可谓是各具特色。同时，巴蜀地区文化底蕴深厚，民族较多，具有别样的浪漫与奔放，这些也全部体现在古村落中，使西南地区的古村落具有与其他地区不同的一种浪漫感。例如，苗族的吊脚楼群散布在山林中，或组成一个寨子，或组成一个乡村，与山林融为一体，颇有"山深人不觉，全村同在画中居"的意境。

二、传统乡村聚落的特点

（一）注重村落的自然环境

在科学技术尚不发达的传统社会，包括农事在内的很多活动都受自然环境的影响，所以村落的特点不可避免地会与自然环境产生关联。的确，古村落大多重视自然环境的选择，在服从大自然的基础上充分利用大自然，使之与自然充分协调。而我国幅员辽阔，东西、南北的跨度都非常大，自然环境非常复杂，由此造成了村落的多样化。

例如，在江南丘陵地带，有"山厚人肥，山清人秀，山宁人驻"之说，所以在村落选址时，往往将上述俗语作为第一要义。当然，人们的生活虽然离不开水，但因为水同时会造成灾难，引发洪水、水涝等，所以在遵守上述要义的基础上，还要秉承第二要义，即"水者，取其地势之高燥，无使水近夫亲肤而已，若水势屈曲而又环向之"。结合上述两个要义，古村落的选址大多负阴抱阳、枕山环水、随坡就势，选择在相对开阔的阳坡或山侧南向缓坡上。"负阴抱阳"可以使人们获得充足的阳光，满足日晒的需求；"枕山环水"便于取水灌溉，且借助山体形成的较为封闭的环境有助于减少寒冷潮湿气流的影响，从而使人们获得相对舒适的居住环境；"随坡就势"便于防洪、排水，降低自然灾害的影响。

此外，对村落选址自然环境的重视还体现在传统风水学上。风水学在我国有着悠久的历史，很多人对风水学持有不同的见解与看法，其中不乏将风水学看作封建迷信的人。其实，风水学是在我国传统文化的基础上发展而来的，其核心是追求人与自然的和谐。的确，风水学在村落选址上的应用主要是对地质、气候、气象、日照、水文、风向等自然环境因素进行考察，并做好后续的规划，其目的就是要选择出适宜长期居住的环境，并通过后续人为的改造扩大居住优势。然而，在风水学发展的过程中，一些别有用心之人却利用人们趋吉避凶的心理，过分夸大风水，使其逐渐发展为一门玄学，这显然违背了风水学的初衷。因此，在从风水学的角度去看待古村落的自然环境时，要抛开其玄学的部分，从人与自然和谐相处的思想上着手，将其看成是人对人与自然关系整体把握的结果。

（二）地域特色突出

因为我国传统村落所处的自然环境有着较大的差异，所以不同地区之间的村落表现出明显的地域特色，这也是我国古村落的一个重要特征。前文笔者已经针对我国古村落的类型做了简要的阐述，从中便可以看出不同地区之间传统村落的差异。在此，笔者将从我国传统村落的环境、整体景观等特点着手，以表格的形式（表2-1）展现不同地区之间传统村落的特征，从而更加直观地展现不同地区之间传统村落的差异。

表 2-1　不同地区之间传统村落的特点

村落类型	环境特点	整体景观特点	代表村落
北方古村落	地形简单，气候干燥，四季分明	规模宏大、富于内涵，体现出华夏文明深厚、沉稳的气质	山西省襄汾县丁村、山西省闻喜县裴柏村
西北古村落	气候干燥，黄土广袤，冷热明显	将北方建筑与黄土窑洞有机结合，实用性强，淳朴无华，展现出黄土高原粗犷、雄浑的气质	陕西省延川县甄家湾村、陕西省延川县碾畔村
徽派古村落	地形多样，山地、平原、丘陵兼备，气候四季分明	大方典雅、自然古朴，有一种田园牧歌的意境，同时蕴含有一种超凡脱俗的意蕴	安徽省黄山市黟县西递、宏村
江南古村落	水网发达、湿润多雨、山水清丽	河网密布，街桥相连，水镇一体，给人以秀丽、恬静之感	江苏省吴中区杨湾村、浙江省桐乡市乌镇
岭南古村落	地形多样，山地、丘陵、台地、平原交错，气候高温多雨	个性鲜明，村落大多按照广府风格建造，格局主次分明，井然有序	广东省五华县澄湖村、广东省肇庆市高要区黎槎村
西南古村落	山地较多、垂直变化、降雨较多	景观多样，有吊脚楼、蘑菇房、土掌房、一颗印等多种样式，体现出西南地区别样的浪漫感	云南省建水县团山村、贵州省黎平县肇兴侗寨

三、传统乡村聚落的文化内涵

（一）"天人合一"的理念

"天人合一"是我国传统古村落最突出的一个文化内涵，无论是在地理位置的选择上，还是在村落的整体布局上，或是在村落建筑的装饰上，无不凸显"天人合一"的理念。关于地理位置，笔者在前文已有论述；在整体布局上，以江南水乡的古村落为例，其村落布局依河网而设，讲究的是水镇一体，而不是改变水网的格局。此外，在具体的装饰上，无论是石雕，还是木雕，其图案大多选用自然元素，如花、山、水、鸟等，这些都是"天人合一"哲学观的体现。因此，在欣赏和继承乡村聚落文化的时候，不仅要感受其深厚的历史文化，更要体验其背后所蕴含的"天人合一"的哲学思想，这对于环境问题日益凸显的现代社会而言无疑具有非常积极的意义。

（二）山水田园的意境

传统村落或依山水而建，或在平阔的平原地区而建，抑或在黄土高原地区而建，但无论在哪里，村落都离不开田园。因此，传统村落或具山水意境，或具田园意境，或二者兼而有之。在现代社会，随着生活节奏的加快，人心变得愈加浮躁，而传统村落的山水田园意境能够带给人美的享受，并得到思想精神上的升华，从而使浮躁的心重归宁静。这也是为什么近年来乡村旅游越来越受到人们关注的一个重要原因。尤其在现代化不断冲击的当下，传统村落所保留的山水田园意境显得弥足珍贵。

（三）强烈的民俗乡情

受以儒家文化为主体的传统文化的影响，传统村落表现出强烈的邻里、家族、家庭观念，而这种观念扩大之后便是浓郁的民俗乡情。而在乡村的发展过程中，这种浓郁的民俗乡情已经深深地影响了每个人，并逐渐成为传统村落文化的重要组成部分。具体而言，传统村落的民俗乡情主要体现在三个方面：

其一，邻里之间形成的乡情。生活在一个村落的居民有着共同的语言、宗教信仰、风俗习惯，所以相互逐渐具有较强的认同感。尤其在影响到村落整体利益的时候，村民之间的凝聚力便会被进一步放大，共同对抗损害村落利益的外力。

其二，家族、家庭之间形成的血缘。一个家族或家庭之间因为存在血缘而彼此具有深厚的归属感与认同感。另外，一个家族或家庭之间往往存在一种约定俗成的伦理道德，该伦理道德的核心是"孝"，家族中的每一个人都要遵守伦理道德，从而共同营造一个团结、和睦的家族（家庭）氛围。

其三，民俗性的集体活动。虽然不同的村落之间存在不同的民俗文化，但有一点是相同的，那便是在举行民俗活动的时候，村落中的每一个人都需要参与，这种集体性是一致的。这种集体性的民俗活动不仅丰富了居民的精神文化生活，更增进了居民之间彼此的认同感，促进了居民间的乡情观念。

第三节 传统乡村建筑文化

一、传统乡村建筑的类型

根据我国不同地区温度、湿度、生活方式以及建材等方面的差异，我国的传统乡村建筑大致可分为干栏式建筑、半地穴式建筑、合院式建筑和帐篷式建筑等四种形式。

（一）干栏式建筑

干栏式建筑又可分为全楼居干栏式建筑、半楼居干栏式建筑和千脚落地干栏式建筑三种。

1. 全楼居干栏式建筑

全楼居干栏式建筑是指立柱较高的干栏式建筑，如傣族的竹楼。傣族的竹楼通常有上下两层，上层用于居住，下层没有墙，用于饲养禽畜或者各种杂物。全楼居干栏式建筑的居住层（上层）一般距离地面较大，为 2 米左右，能够有效地防潮和防治野兽的袭击。

2. 半楼居干栏式建筑

半楼居干栏式建筑也被称为吊脚楼，其特点是依山坡而建，通常贴近山的一面从地面而起，不靠近山的一面用立柱支撑，在贵州、湖南、广西等地的山区中较为常见。半楼居干栏式建筑对地形具有较高的适应性，能够应对各种复杂的地形。

3. 千脚落地干栏式建筑

千脚落地干栏式建筑在傈僳族地区较为流行。在建造房屋时，先在地基上打入数十棵木桩作为基柱（有部分木桩可用龙竹代替），这些木桩较细，但距离十分紧密且排列有序，能够有效分散房屋对木桩的压力，从而起到对房屋的支撑作用。因为木桩全部深埋地下，远远看去，仿佛千百只脚立在地上，因而得名千脚落地。

（二）窑洞式建筑

窑洞，是我国北部黄土高原地区一种古老的建筑形式。我国北部黄土高原地区的黄土层非常厚，当地居民利用这一地形特点凿洞而居，创造了有数千年文化的窑洞式建筑。窑洞，一般有下沉式、独立式、靠崖式窑洞等形式，其中以靠崖式窑洞最为普遍。

在建筑学上，窑洞属于生土建筑，其特点是省材省料、坚固耐用、冬暖夏凉，有助于节约能源。如果不了解窑洞，可能会直观地认为窑洞便是简单地挖个洞，其实不然，窑洞的建造具有其独特的建造方法，并且在其设计上也非常凸显古人的智慧。比如，窑洞门洞处高高的圆拱加上高窗，即便在冬季时，阳光也能深入窑洞内侧，而窑洞内部也采用拱形，可以扩大内部空间，给人一种开敞的舒适感。另外，窑洞本身也凸显了"天人合一"的思想，其对自然的利用和改造是人与自然和睦相处的真实写照。

（三）合院式建筑

合院式建筑的格局是一个院子四面建有房屋，并从四面将院子围在中间，比较典型的便是四合院。四合院是以正房、东西厢房围绕中间庭院形成平面布局的传统住宅的统称，在中国民居中历史最悠久、分布最广泛，是汉族民居形式的典型。以北京四合院为例，其是由东、西、南、北四面房子围合起来形成的内院式住宅，它的院落宽绰疏朗，四面房屋各自独立，又有游廊连接彼此；封闭式的住宅使四合院具有很强的密闭性；院内、四面房门都开向院落。四合院是中华传统文化的载体，表现出人们对幸福、美好、富裕、吉祥的追求。

合院式建筑有着悠久的历史，早在三千多年前，我国便出现了较为完整的四合院。陕西岐山凤雏村周原遗址出土的两进院落建筑遗迹，是我国已知最早的四合院。发展到汉代，四合院开始受风水学的影响，其选址、布局等都需要遵守风水学的相关理论。到唐代，廊院式院落逐渐流行，即并非四面建房，而是在院子的中轴线上修建主体建筑，四周或建造房屋，或改为回廊连接。到宋朝以后，廊院式院落逐渐减少，到明清时期绝迹。中华人民共和国成立后，很多地方的四合院成为居民的住宅，而改革开放后，一些四合院开始被拆除，但同时也有一些被保留了下来，它们静静地坐落在大地上，见证着历史的兴衰。

（四）帐篷式建筑

帐篷式建筑是一种常见于游牧民族的建筑形式，其特点是适宜游牧民族的游牧生产需求。帐篷的内部撑有木架，外部以毛毡包裹，然后用绳子捆系，属于轻便型的建筑形式。人们常将这种帐篷式的建筑称为"蒙古包"，但其实并非只有蒙古族才使用这种建筑形式，甘肃、青海、西藏等地的游牧民族以及东北地区的达斡尔族、鄂温克族等也常使用这种建设形式建造居所。

这种建筑的最大特点是结构简单，建造和搬迁都非常方便，所以非常适用于游牧生活和游牧生产。另外，帐篷式建筑从外形看虽然较小，但其内部面积并不小，而且内部空气流通性好、采光性好，在游牧民族的发展历史上发挥了极其重要的作用。

二、传统乡村建筑的要素

传统乡村建筑除了居民居住的民居之外，一般还包括祠堂、牌坊及寺庙等建筑。

（一）传统民居

民居是乡村传统建筑中最重要的组成部分，也是最能凸显乡村建筑特色的部分。我国各地的民居由于不同地区、不同民族之间存在的历史传统、人文条件、生活民俗等方面的差异，在建筑布局、结构方式、装饰造型等方面也存在较大的差异。尤其在民居建造的构成中，不同民族的人将本民族甚至个人的信仰用现实或象征的手法融入建筑之中，如汉族中多用蝙蝠、鹤、竹、梅、回纹等图案，而云南白族则常用大象、莲花等图案，这更使不同地区、不同民族的民居呈现出丰富多彩的民族特色。

（二）祠堂

祠堂是祭祀祖先的场所，也称为家庙。除祭祀外，祠堂还具有其他用途，包括家族中人的婚、丧、寿、喜等事。另外，当需要商议重要的事情时，也常常会将祠堂作为一个聚集的场所。在传统社会时期，几乎每一个村落都设有祠堂，而且祠堂往往是村落中最为华丽的建筑。比如，岭南的一些古村落，其民居建筑往往突出实用性，而祠堂则会重点装饰，突出其重要性。

祠堂最常见的布局是大门、享堂、寝堂和厢房；一些规模较大的祠堂还包括戏台、仪门、钟鼓楼和庭院；还有一些祠堂设有私塾，宗族内的子弟可以在这里上学。享堂是祠堂的正厅，此处的建筑最为考究，规模最大，装饰也最为华丽；寝堂内设有神龛，主要是安放祖宗的牌位。但也正是因为祠堂的性质特殊，所以祠堂并不是一味地追求富丽堂皇，而是在富丽堂皇中透出几分庄重和淡雅。

（三）牌坊

牌坊是传统乡村中的特色建筑之一，是封建社会为表彰功勋、科第、德政以及忠孝节义所立的建筑物。也有一些宫观寺庙以牌坊作为山门，还有的是用来标明地名的。牌坊也是祠堂的附属建筑物，昭示家族先人的高尚美德和丰功伟绩，兼有祭祖的功能。

牌坊具有非常久远的历史，在周朝时便已经出现。《诗经·陈风·衡门》："衡门之下，可以栖迟。"此处所说的"衡门"便是最早的牌坊。牌坊是古代官方的称呼，老百姓习惯将其称为牌楼，但其实牌坊与牌楼并不是一个东西，牌楼有"楼"的构造，有屋顶和斗拱，而牌坊没有这些构造，但由于二者的功能相同，所以便将两者的称谓互通了。

（四）寺庙

在传统乡村中，很多村落也都建有寺庙，这些寺庙不像我们印象中的寺庙、道观一样具有宏大的规模，其规模通常较小，寺庙内供奉的或者是土地，或者是龙王，或者是其他宗教信仰的图腾。如今，很多乡村中的寺庙已被拆除，但作为乡村传统建筑中的一部分，除去其中封建迷信的部分，其蕴含的是村民对美好生活的向往，这些是我们不能忽视的。

三、传统乡村建筑的文化价值

（一）传统乡村建筑具有记录历史的价值

传统乡村建筑作为乡村文化中的重要组成部分，其形成受政治、文化、经济等多种因素的影响，这些因素最终会以具体或者象征性的事物融入建筑之中。通过分析和研究传统乡村的建筑物，不仅能够反映当时的政治制度与思想情况，也可以反映当时的文化以及生产力情况。因此，建筑物可以作为历史的载体，向我们展示几十、几百，甚至几千年前的历史。正是因为建筑物的这个价值，有史学家将建筑物称为"历史之镜"。

我国自古就有史官，其作用便是记录和撰写历史，让后人知道当时所发生的事情。但古代史官对历史的记录多局限于帝王将相或者一些大事件，很少有史官会记录乡村的生活。而乡村中那些悠久的建筑，好似一部史书一般，记录了农村生活的习俗、思想、生活，弥补了史书的空缺。因此，要想了解中国的传统乡村，就必须了解中国乡村的传统建筑。

（二）传统乡村建筑具有展现文化多样性的价值

乡村传统建筑作为一个受地域、政治、文化、宗教、生产力等多种因素共同作用下的产物，任何一个因素的变化都会在建筑物上反映出来。的确，透过建筑物这个实体，我们可以看到建筑物建造年代当地的政治、文化、经济等方面的相关情况，因此建筑物无疑成了反映不同地域、不同时期文化的一个重要载体。

另外，在我国乡村长期发展的过程中，因为交通系统不发达，村民乡土情结重，所以对外的交流很少，这使不同地域之间形成了不同的文化。另外，不同地域之间的地形不同，建筑用材料不同，建筑技艺不同，这些都会导致建筑物的不同，使建筑物呈现出极强的地域与民族特征，最终使乡村传统建筑在形态上极富多样性。关于这一点，笔者在前文已有论述，在此便不再赘述。显然，保护和继承乡村的传统建筑，便是在保护和继承文化的多样性。

（三）传统乡村建筑具有教育、审美价值

乡村传统建筑作为矗立在乡村中的建筑实体，在教育、审美上也具有一定的价值。首先，在教育价值上，乡村传统建筑蕴含丰富的文化信息，这些文化信息既包括最根本的农耕文化，也包括影响我国两千年之久的优秀传统文化。农耕文化是我国文化的根，而乡村无疑是了解农耕文化的最佳渠道，通过乡村传统建筑中存留的有关农耕文化的信息，我们可以了解古人积极的生活态度，可以理解古人辛勤、淳朴的品质，这些对于生活在当代的我们具有非常积极的教育价值。置身于乡村传统建筑中，能够感受到建筑物传达出的文化信息，从而起到反思自我、教育自我的作用。其次，在审美价值上，很多乡村传统建筑无疑是美的，而其所蕴含的美对于置身于其中的人是一种审美享受，更是一种审美体验。郑板桥曾在《十笏茅斋竹石图》中这样描写一个乡村院落："十笏茅斋，一方天井，修竹数竿，石笋数尺，其地无多，其费亦无多也。而风中雨中有声，日中月中有影，诗中酒中有情，闲中闷中有伴，非唯我爱竹石，即竹石亦爱我也。彼千金万金造园亭，或游宦四方，终其身不能归享。而吾辈欲游名山大川，又一时不得即往，何如一室小景，有情有味，历久弥新乎？筹此画构此境何难？敛之则退藏于密，亦复放之可弥六合也。"[①]从郑板桥的描述中，不难看出这个乡村院落带给其诸多的审美感受。

具体而言，乡村传统建筑的审美价值体现在如下几点方面：

其一，和谐美。乡村传统建筑大多追求和谐美，无论是在选址、布局还是在装饰上，都会通过处理人与建筑、建筑与自然、个体与群体的关系，创造出一种和谐的审美情趣。尤其在人与自然的和谐上，在乡村传统建筑中体现得更为明显。例如，江南水乡的古村落建筑依水网而建，追求水镇一体，呈现出和谐统一的美感。

其二，秩序美。乡村传统建筑强调秩序美，这种秩序美不仅体现在单个建

---

① 钟芳.郑板桥与竹[J].上海企业,2018,4(7):92.

筑上，也体现在乡村的整体建筑布局上。就单个建筑而言，房屋、庭院、大门等沿着一定的走向布置，且主次有序、过渡分明，呈现出一种中华传统文化所追求的秩序美与整体美。就村落整体的建筑而言，建筑与建筑之间通常也呈现出一定的秩序格局，这种秩序格局是约定俗成的，每个人都需要遵守。

其三，意境美。乡村传统建筑大多蕴含一种意境美，这种意境在不同的地区和民族建筑中有不同的体现。例如，徽派古村落的一些建筑的特点是大方典雅、自然古朴，有一种田园牧歌的意境，也蕴含有一种超凡脱俗的意蕴。

其四，装饰美。在任何形式的建筑中，装饰都是不可或缺的。乡村传统建筑的装饰在形态与内容上是丰富多样的。例如，在表现内容上，传统伦理道德中的仁、义、礼、智、信，蕴含美好期望的福、禄、寿、喜等，与乡村农耕有关的牛、羊、农作物等，都可以在建筑中有所体现。另外，这些在乡村传统建筑中的装饰，很多都具有一定的人文内涵，即"图必有意，意必吉祥"，这进一步增强了其装饰性，并提升了传统建筑的审美意境与文化内涵。

其五，色彩美。色彩是一种非常直观的艺术语言，色彩在建筑中的应用能够增强建筑的表现力。例如，徽派古村落的建筑在色彩上给人的第一印象是黛瓦、粉壁（这里的"粉"并不是指粉色，其原意是将米分开，直至其呈粉末状，粉末状的米是白色的，所以此处的"粉"是指白色的意思）、黑墙边，其色彩整体上呈现出一种典雅素朴的感觉。徽州民居的外部形态主要由占统治地位的大块白色墙体构成，如同一块天然的画布。在这块画布上，我们能看到大自然的日光月色，以及相邻马头墙忽起忽落，变化无穷的投影。另外，屋瓦的黑和粉墙的白随着雨水日晒侵蚀，斑驳脱落产生特有的复色交替，给人一种类似水墨晕染的视觉感受，从远处看佛若一幅水墨画。

总之，乡村传统建筑不仅仅是一个静物矗立在那里，其所蕴含的文化内涵以及审美价值决定着这些建筑还具有教育以及审美的价值，这些价值对于今天的我们而言弥足珍贵，需要我们继续发掘和继承。

（四）传统乡村建筑具有"精神家园"的情感价值

哲学上有一个永恒的问题："我是谁？我从哪里来？我到哪里去？"相信每一个人都会或都曾进行过这种自我追问，也许我们不能从更深的层面去回答这个问题，但有一个词却可以成为回答这个问题的答案，那便是"乡村"。的确，乡村是我们每一个人的根，正是因为农业的发展，我们不必再依靠渔猎，也有了固定的居所，能够丰衣足食，进而衍生出更为先进的文明。在现代社会中，无论科技多么发达，我们都不能忘记"根"，否则科技的"绿叶"也终会凋谢。

而乡村传统建筑作为乡村文化中的重要组成部分，相对于其他形式的物体而言，其保存的时间更长，仿佛一个记录着乡村变化的"化石"，任时间沧桑变化仍旧矗立在那里，既见证着当下，也见证着过去。

穿梭于乡村传统建筑之间，那些庭院、房子、树木仿佛突然间将时间压缩，让我们感受到了几十、几百，甚至几千年前的光景，并看到了过去人们辛勤劳作的背影，更看到了自己作为一个个体的价值与责任，同样也是在刹那间，我们知道了自己是谁、自己从哪里来、自己要到哪里去。

第四节　传统乡村民俗文化

一、传统乡村民俗文化的构成要素

传统乡村民俗文化作为一种复杂的文化现象，不同地域、不同民族之间可谓千差万别，但如果从表现形态来看，可将其大致划分为物质民俗、精神民俗与社会民俗三类。

（一）物质民俗

物质民俗是传统乡村民俗文化中最基础的部分，也是最直观的部分，主要包括服饰民俗、饮食民俗、居住民俗和生产民俗。

1.服饰民俗

服饰民俗是指与服饰有关的习俗，包括衣服、鞋帽、佩戴装饰等。服饰民俗不仅反映了乡村人民的审美情况，也能够在一定程度上反映当地的文化与经济发展的现状。的确，服饰民俗是在乡村长时间发展过程中受经济、文化、审美、自然环境、生产生活方式等多种因素综合作用的结果，并不是单一因素的影响，所以才使我国不同地区、不同民族之间形成了丰富多样的服饰民俗。

就全国各地区、各民族之间的服饰民俗文化而言，北方地域与南方地区相比，汉族与少数民族相比，其服饰在色彩与形式上要逊色许多。例如，侗族服饰是侗家人智慧的结晶，它的造型、色彩、图案、饰物都有着鲜明的美学特征，体现出侗家独特的审美情趣。首先，侗族服装材料来源于棉花，纯植物纤维。染料、浆料为蓝靛、蛋清、牛皮膏、鸡血莲等，侗布及侗族服装的制作也遵循纯手工全生态原则，所以侗布色泽天然，味道清香，侗服朴实典雅。其次，侗族服装造型坚持以人为本、实用至上原则，其结构美是一种组合美，特别是女装，头帕、上衣、裙子、胸兜、鞋子、银饰品就分别是各自美轮美奂的重要部件。再次，色彩体现社会美，即中和与宁静。侗族服饰秋冬装主打黑紫色，春夏装以蓝、白色为主；在饰品、刺绣上的用色丰富一些，经常搭配的有红、黑、黄、灰、紫、青、蓝、白等，这些也都是侗乡生活中的颜色。最后，在服饰的构图上同样别出心裁。构图时他们采用意识流、印象派等多种手法，入图的有花草虫鱼、日月、龙凤等，组合时花叶互衬相宜，鱼龙身首无间，龙凤不张牙舞爪。侗族服饰的特点表现了侗族人感恩自然、热爱生活、珍惜生命的态度，更寄托了他们既浪漫又自律的情怀以及追求圆满的愿望。

2. 饮食民俗

俗话说："民以食为天。"饮食与我们的生活密不可分，也与各地、各民族的文化息息相关，形成了不同的饮食习俗。比如，我们耳熟能详的八大菜系：鲁菜、川菜、粤菜、苏菜、浙菜、闽菜、湘菜、徽菜，便是不同地区饮食民俗的一种体现。表2-2列出了八大菜系口味与做法上的区别，便于我们进一步了解不同饮食民俗间的区别。

表2-2 八大菜系口味与做法特点

菜系	口味与做法特点
鲁菜	口味以咸鲜为主；原料讲究质地优良，以盐提鲜，以汤壮鲜，调味讲求咸鲜纯正，突出本味；烹调方法为爆、扒、拔丝，尤其是爆、扒素为世人所称道
川菜	口味以麻辣为主；菜式多样，口味清鲜醇浓并重，善用麻辣调味（麻辣、辣子、陈皮、椒麻、怪味、酸辣诸味）
粤菜	口味以鲜香为主；选料精细，清而不淡，鲜而不俗，嫩而不生，油而不腻；擅长小炒，要求掌握火候和油温恰到好处
苏菜	口味以清淡为主；用料严谨，注重配色，讲究造型，四季有别；烹调技艺以炖、焖、煨著称，重视调汤，保持原汁，口味平和
浙菜	口味以清淡为主；选料讲究，原料讲究品种和季节时令，以充分体现原料质地的柔嫩与爽脆；浙菜以烹调技法丰富多彩闻名于国内外，其中，以炒、炸、烩、熘、蒸、烧六类为擅长
闽菜	口味以鲜香为主；注重刀功，有"片薄如纸、切丝如发、剞花如荔"之美称，而且一切刀功均围绕着"味"下功夫，通过刀功的技法，体现出原料的本味和质地。
湘菜	口味以香辣为主；制作精细，用料上比较广泛，口味多变，品种繁多；色泽上油重色浓，讲求实惠；品味上注重香辣、香鲜、软嫩；制法上以煨、炖、腊、蒸、炒诸法见称
徽菜	口味以鲜辣为主；除爆、炒、熘、炸、烩、煮、烤、焐等技法各有千秋外，尤以烧、炖及熏、蒸菜品而闻名；不同菜看使用不同的控火技术，形成酥、嫩、香、鲜等独特风味

当然，饮食民俗不仅体现在口味与做法上，还体现在节日饮食与饮食禁忌两个方面。

（1）节日饮食。节日饮食是指在一些重要节日的饮食习俗。在我国乡村，节日是非常重要的日子，所以非常重视饮食，人们还赋予了这些节日食品不同的含义与象征。例如，端午节吃粽子、中秋节吃月饼、元宵节吃元宵，等等，这些都是跟随节日一起传承下来的饮食习俗。

（2）饮食禁忌。饮食禁忌是指某个地区、某个民族禁止食用某种食物。比如，回族、维吾尔族禁止吃猪肉，满族禁止吃狗肉等。饮食禁忌的形成大多与宗教信仰、图腾信仰等有关。作为其他地区、其他民族的人，应理解并尊重他人的饮食禁忌，这也是对其他民族饮食文化的尊重。

3.居住民俗

不同地区之间自然条件、建筑材料、生产活动不同，所以不同地区、不同民族之间在居住民俗上也存在很大的差异，这也使我们不同民族间形成了丰富多样的建筑景观。

4.生产民俗

不同地区、不同民族间生产水平不同、生产方式不同，反映到生产民俗上也是形形色色。从生产方式的层面去看，主要有农耕生产、游牧生产、手工生产三种方式。农耕生产的日常事务有播种、除草、灌溉、收割、晾晒等；游牧生产的日常事务有放牧、挤奶、制酪、剪毛、鞣皮、制毡子、照顾初生幼畜、治疗病畜、收集畜粪作为燃料等；手工生产的日常事务便是对自然事务进行简单或复杂的加工。上述三种生产方式的主要事务不同，所用工具不同，自然也就形成了不同的生产民俗。在现代社会中，虽然上述三种生产方式已经发生了变化，尤其农耕生产方式已经发生了翻天覆地的变化，逐渐向着机械化、信息化的方向发展，但过去那些生产民俗应该适当保留，这些是现代生产的"根"，需要我们择优保护和继承。

（二）精神民俗

相较于物质民俗而言，精神民俗并不直观，但却深刻地影响着每一个人，并在乡村长时间的发展过程中以较为稳定的姿态传承了下来。传统乡村精神民族主要包括宗教、图腾信仰与禁忌习俗。

1.宗教、图腾信仰

人类从产生思想开始便有了信仰，这是人类生存和发展的一种精神力量。

的确，信仰是人类的一种本能天赋的主观反应，它是人类对于宇宙天地命运历史的整体超越性的意识，是人类对人自身存在与客观世界关系的某种反应，是一种形而上学的意识形态。宗教信仰只是信仰中的一种，是指信奉某种特定宗教的人群对其所信仰的神圣对象（包括特定的教理教义等）由崇拜认同而产生的坚定不移的信念及全身心的皈依。我国乡村精神民俗中宗教信仰的形成除了受民众的功利因素外，还受道教、佛教、伊斯兰教等教派的影响，其中蕴含一种价值体系，也掺杂着一些封建迷信的成分。在看待乡村精神民俗中的宗教信仰时，我们不能全盘否定，也不能全盘接受，而是要摒弃其中的封建迷信成分，保留其精神内核，并使这些精神内核成为引导人们反省自我、超越自我、塑造自我、完善自我、实现自我的精神力量。

除宗教信仰外，我国乡村传统精神民俗中还存在图腾信仰，与宗教信仰一样，图腾信仰也属于一种信仰形式，不同的是信仰的对象不同。图腾，其意是记载神的灵魂的载体。原始人认为自己的祖先是由某种动物或植物演变而来，所以便将某种动物或植物当成是自己的祖先，由此产生了图腾崇拜。我国古代虽然没有图腾这个词，但关于图腾以及图腾崇拜在文献中有大量的记载。比如，《礼记·礼运》："麟、凤、龟、龙，谓之四灵。"麟、凤、龟、龙在我国古代都是人们崇拜的图腾，而图腾信仰的产生在不同地区、不同民族间也存在一些差异，但毋庸置疑的是，图腾信仰的产生使各民族的民俗事象变得更加丰富多彩。

在现代社会中，一些少数民族仍旧保留着图腾崇拜的信仰。例如，藏族的图腾崇拜是牦牛，作为藏族先民最早驯化的动物之一，关于牦牛的图腾是最丰富的，广泛存在于藏族的民俗事象以及神话传说中。了解图腾信仰，可以帮助我们了解一个民族的历史、文化、民俗、心理，是我们认识一个民族的重要载体。因此，对待不同民族的图腾信仰，我们应该秉承与宗教信仰相同的态度与做法，认识其信仰，尊重其信仰，并积极发掘和继承其中的精神内核。

2.禁忌习俗

禁忌习俗中的禁忌有两层含义：一是被禁止；二是神圣不可侵犯的。在乡村传统精神民俗中，禁忌民俗也是一个重要的组成部分，影响着人们生活的方方面面。关于禁忌是怎样形成的，目前有多种说法和解释。有的人认为禁忌是一种仪式，是乡村在长时间发展过程中形成的一种约定俗成的仪式，任何人都不能违犯；也有人认为禁忌是对一种神秘力量的敬畏，如源自宗教的禁忌、源自图腾信仰的禁忌。无论禁忌是怎样形成的，在乡村生活中，它都是实际存在的，并影响着人们的生活，已成为一种对人们生活具有规范作用的习俗内容。

具体而言，乡村精神民俗中的禁忌习俗可分为节日禁忌、婚丧禁忌、行为禁忌、信仰禁忌和文字禁忌。

（1）节日禁忌。节日禁忌主要表现在一些重要节日中。人们认为节日是一种特殊的日子，所以很多言行都需要禁忌。比如，有些地方在正月初一时不能动刀斧，否则在新的一年中家庭会不安宁。

（2）婚丧禁忌。婚丧作为一个家族（家庭）中的重要活动，同样有很多禁忌。在婚姻方面，有些地方认为同姓不能结婚，否则会影响后代的兴旺；在丧葬方面，有些地方棺木的材料不能用柳木，因为柳树不结籽，用柳木做棺木，意味着家族将绝嗣。

（3）行为禁忌。行为禁忌主要表现在日常生活中，即在日常生活中便要注意自己的言行，不能违犯这些禁忌。比如，有些地方在待客的时候禁止扫地，这样有将客人扫地出门的意思。

（4）信仰禁忌。信仰禁忌主要与宗教信仰和图腾信仰有关，宗教或图腾信仰的存在，使有些言行是必须禁止的。比如，前文提到的饮食禁忌便是信仰禁忌的一种表现形式。

（5）语言文字禁忌。语言文字作为人们日常生活中沟通交流用的工具，同样存在一些禁忌。比如，古代很多乡村在日常以及文章中都要忌讳父母的名讳，这是对父母尊敬的一种体现。

（三）社会民俗

社会民俗是一种形成于社会活动中的民俗，与精神民俗有相似之处，既能够在一定程度上满足人们的精神需求，又有其自身的特征。传统乡村民俗文化中的社会民俗主要包括节日民俗与游艺民俗。

1.节日民俗

我国各地区、各民族有着不同的传统民间节日，由此形成了形式多样、内容丰富且具有民族特色的节日民俗。根据节日的性质，我们可以将众多的节日民俗归结为五类：宗教（图腾）性节日、纪念性节日、生产性节日和庆祝性节日。

（1）宗教（图腾）性节日。宗教（图腾）性节日是与宗教或图腾有关的节日，对于有宗教或图腾信仰的地方而言，宗教（图腾）性节日至关重要。比如，居住在云南省兰坪县的怒族信仰万物有灵，崇拜山川、河流、森林、巨石、太阳、月亮等自然景物，每年都会举行"祭山林节"。

（2）纪念性节日。纪念性节日通常是对民族英雄、历史人物或者传说人物进行纪念的节日。比如，我们熟知的端午节，便是对屈原进行纪念的一个节日，以表达人们对屈原赴死的一种哀痛之情。

（3）生产性节日。生产性节日通常与产生劳作有关，对于以生产劳作为生的农民而言，生产性节日同样占有非常重要的地位。比如，藏族的"望果节"，"望"指庄稼，"果"是转圈的意思，"望果节"的活动便是围绕着庄稼转圈，以此来期盼丰收。

（4）庆祝性节日。庆祝性节日一般是为了庆祝丰收举办，虽然不同的民俗有着不同的生产劳作方式，但丰收是共同的愿望。例如，蒙古族的"那达慕"便是为了庆祝丰收而举办的娱乐大会，通常在牲畜肥壮的七八月份举办。

2.游艺民俗

游艺民俗是指那些流传于民间的游戏、竞技、体育等方面的内容。有时在一些重要节日的时候，这些游艺民俗表现得更为突出。比如，舞龙舞狮、放风筝、唱山歌、扭秧歌、看花灯、赛龙舟、打腰鼓等，不胜枚举。

当然，这些游艺在日常的生活中也普遍存在，是丰富人们精神生活的重要组成部分。比如，侗族在很多场合都会唱歌，形成了多种形式且颇具特色的侗歌，如山歌、酒歌、拦路歌、踩堂歌、大歌等，其中以侗族大歌最享盛誉。

二、传统乡村民俗文化的特征

（一）大众性与范式性

大众性是传统乡村民俗的基本特征，也是其本质特征。因为民俗的产生与形成并非基于一个人的力量，而是全体共同作用的结果，所以传统乡村民俗属于一种大众文化，而非个体文化。当然，此处所说的大众是相对个体而言的，并不以数量作为评判的标准，因为受地域的限制，有些乡村民俗文化的受众数量也许并不多，但却是某个地域范围内的群体共同作用而形成的，同样具有大众性。另外，因为是某个地域范围的群体共同作用产生的，所以该群体内的每个人都会自觉遵守约定的标准，这便是乡村民俗文化的范式性。这种范式性不仅体现在具体的内容与程序上，也具有一定的时间周期性。

（二）传承性与拓展性

传统乡村民俗文化的传承性是指在时间维度上具有连续性，而拓展性是指在空间维度上具有蔓延性。文化的形成并非一朝一夕，乡村民俗文化作为文化的一种形式，同样是经过较长的时间才逐渐形成的，而一旦形成，便表现出一定的稳定性，并在一定的时间周期内被传承下去。乡村民俗文化在空间维度上的蔓延性虽然不可避免地受地域的限制，但随着时间的推进，其传播和影响的地域范围必然会不断扩大，而在其向外传播的过程中，必然会与其他的民俗文化产生碰撞，并在彼此的碰撞中相互影响、相互融合，从而形成更加多元化的民俗文化。

（三）稳定性与变异性

传统乡村民俗文化的稳定性体现在两个方面：一是在长时间的发展过程中，一旦伴随着人们的生产生活稳固下来，便会成为人们生产生活中的重要组成部分，只要人们的生产生活方式不发生改变，民俗文化几乎也不会发生变化；二是体现在民俗文化的继承性上，因为有继承，所以其核心内容会长时间向后延续，从而维持相对的稳定。当然，这种稳定是相对的，并不是一成不变的，因为随着时间的推进，人们的生产生活方式或多或少都会发生改变。另外，在民俗文化的拓展过程中，不可避免地会与气体文化性发生碰撞，进而相互影响。因此，乡村民俗文化在相对稳定的同时也在发生着变异，虽然变异面相对较小，但同样影响着乡村民俗文化的发展。

第五节　传统乡村农耕文化

一、农耕文化的构成要素

在我国数千年的发展历程中，农耕文化自形成之后便从未间断过，一直传承至今。农耕文化是中国几千年来劳动人民的智慧结晶，体现了传统农业生产技术、市场理念以及生产制度，且其中蕴含着中华传统文化的内涵。农耕文化虽然随着时代的发展也在发生变化，但其基本要素却始终没有发生变化。具体而言，农耕文化的要素主要包括村落、农具、水利田地、节气与农事活动等几个方面。

（一）村落

村落的形成很大程度上取决于农业的出现，因为在原始社会时期，人类获取食物的方式主要是渔猎，这决定了人类的居所并不是固定的。而随着对野生植物的驯化，人类逐渐认识到植物的种植是一个持续过程，并且需要在植物生长的过程中采取一些措施，由此出现了最原始的农业，人类的居所逐渐固定下来，修建房屋居住下来的人越来越多，也便逐渐形成了村落。从这个意义上来讲，村落无疑是农耕文化的一个重要组成部分。至于有关村落的具体内容，笔者在本章第二节已经做了系统阐述，在此便不再赘述。

（二）农具

为了提高农事的效率，劳动人民凭借其经验与智慧，创造出了形式多样的农具，这些农具在促进农业发展中发挥了重要的作用，是农耕文化中重要的组成部分。农具的种类众多，且在不同地域、不同时期，相同的农具也可能存在样式上的差异，在此笔者以使用途径作为分类标准，将其分为下述几种类型。

1. 耕地整地工具

耕地整地工具用于土地作业，其目的在于翻耕土地、疏松土壤、破碎土块、平整田地。耒耜是最早的耕地整地工具，后来出现了犁，用牲畜牵引犁整地，大大提高了整地的效率。

2. 播种工具

早期的农作物播种主要依靠双手；东汉时期出现了耧车，这是我国最早出现的播种工具，耧车的出现，实现了所谓的"日种一顷"；北魏时期出现了可以单行播种的工具——瓠种器。在南方，水稻栽种的工具为秧马，出现于北宋时期。播种工具的出现，不仅提高了播种的效率，还在一定程度上减轻了播种时弯腰曲背的劳作强度。

3. 灌溉工具

农作物种植离不开水，早期的农业种植对自然降雨的依赖性很大，如果较长一段时间内不降雨，农作物的产量就会受到很大的影响，甚至绝收。因此，在遇到降雨少或者不降雨的情况时，人工灌溉便成为缓解田地干旱的主要措施。为了提高人工灌溉的效率，智慧的劳动人民发明了用于取水、灌溉的工具，如戽斗、汲筒、龙骨车、筒车等。

4. 中耕工具

中耕工具用于间苗和除草。农作物在种植过程中需要进行间苗和除草，这是提高农作物产量的重要手段。在北方旱地中除草和间苗主要用铁锄；在南方水田中除草主要用耘耥。

5. 收获工具

收获工具包括收割工具、脱粒工具和清选工具。收割工具主要有收割禾穗的掐刀，收割茎秆的镰刀、短镢等；脱粒工具南方以稻桶为主，北方以碌碡为主，春秋时出现的脱粒工具梿枷在我国南北方通用；清选工具以簸箕、木扬锨、风扇车为主。

6.加工工具

农作物收获之后需要对其进行加工才能更好地食用（使用）。农作物除了粮食之外，还有用于纺织用的棉花，所以加工农具也分为粮食加工工具与棉花加工工具两类。最早的粮食加工工具为杵臼、石磨盘，后来逐渐演变为踏碓、磨、砻、碾，粮食加工效率逐渐提高。从元代开始，棉花成为重要的纺织原料，随之产生的加工工具有纺车、弹弓、棉搅车、棉织机等工具。

7.运输工具

农耕中常用的运输工具有担、筐、车等，当运输量较小、路途较短时，主要使用筐、担；当运输量较大、路途较远时，则使用车运输（平原、丘陵地区），在有牲畜的情况下，多用牲畜牵引，没有牲畜时，则用人力牵引。

（三）水利田地

水利田地是指农业生产必不可少的水利工程与田地。首先，就水利工程而言，在农业发展的过程中，劳动人民逐渐学会了对水资源的利用和控制，水利工程便是用于控制和利用水资源的专门建筑。农业离不开水，为了便于灌溉，劳动人民除创造了上文提到的灌溉工具外，还修建了一些水利工程，如坎儿井，这是普遍存在于荒漠地区的一种灌溉系统，是一种开发利用地下水的水平集水建筑物，与万里长城、京杭大运河并称为古代的三大工程，其重要价值可见一斑。另外，水的两面性决定了水在有利于农业生产的同时会对农业生产造成危害，而为了降低水的危害，人们修建了一些防水的水利工程。比如，我国古代著名的水利工程之一——都江堰，位于四川省成都市都江堰市城西，坐落在成都平原西部的岷江上，是蜀郡太守李冰父子在前人修凿的基础上组织修建的水利工程。自建成之后，都江堰一直发挥着灌溉、防洪的作用。都江堰是古代劳动人民智慧与劳动的结晶，如今都江堰的价值已远不止灌溉、防洪那样简单，更凸显着人与自然和谐相处的重要性，可谓是一项伟大的生态工程。其次，田地本身的作用是种植农作物，本来没有文化可言，但在农业发展的过程中，劳动人民在田地的利用上极大地发挥了他们的聪明才智，创造了别具一格的田地，使一些地域的田地也成了农耕文化不可分割的一部分。最为典型的便是在山坡上修筑的梯田。在人们的传统认知里，平原地区才适宜农业耕作，但这些生活在丘陵地带的人们却凭借自己的智慧，使本不适宜耕种的丘陵变成了一片片的农田。在丘陵地区，梯田是治理坡耕地水土流失的有效措施，蓄水、保土、增产作用十分显著，而且梯田的通风透光条件较好，有利于作物生长和营养物质的积累。此外，这些沿山坡而下的梯田颇为壮观，尤其在水雾较多的季节，梯田笼罩在云雾之下，仿若天梯一般，壮观而不失美丽。

（四）节气

节气是指二十四个时节和气候，是劳动人民在长期的农业劳作中，通过观察和总结大自然气候变化，尤其注重观察太阳的运行周期，发明的一直使用至今的用以指导农事的历法，即我们常说的"二十四节气"，分别为立春、雨水、惊蛰、春分、清明、谷雨、立夏、小满、芒种、夏至、小暑、大暑、立秋、处暑、白露、秋分、寒露、霜降、立冬、小雪、大雪、冬至、小寒、大寒。在古代农事中，二十四节气发挥了非常重要的作用，而为了让人们便于记忆和使用二十四节气，往往将其和一些歌谣结合在一起，比如"立春春打六九头，春播备耕早动手""谷雨雪断霜未断，杂粮播种莫迟延""白露夜寒白天热，播种冬麦好时节"等。这些结合节气特点编成的歌谣，不仅通俗易懂，而且便于记忆和传播，成为指导古代劳动人民农事劳作的标准。二十四节气是我国劳动人民长期农事经验积累的结果，也是劳动人民智慧的结晶，更是我国农耕文化的一个突出体现。2016年11月30日，中国"二十四节气"被正式列入联合国教科文组织人类非物质文化遗产代表作名录。

（五）农事活动

农事活动作为一种特殊的活动，与农业紧密相关，其蕴含的通常是农民对丰收的期盼。比如，有些地方认为"二月二"是春耕的开始，家家户户都会举行隆重的仪式：在日出之际，从灶膛中掏出青灰，在院子上用青灰画出或方或圆、或大或小的形状，代表"粮仓"，然后在"粮仓"上撒上一些粮食，预示着今年五谷丰登。另外，有些以游牧为主的地方因为不需要耕种，所以其农事活动通常与牲畜的生长有关。比如，蒙古族人在每年的七八月份会举办那达慕大会，因为七八月份是牲畜肥壮的季节，那达慕大会举办的目的便是庆祝丰收的喜悦之情。不同地域、不同民族间的农事活动的形式各异，但他们祈求粮食丰收的意愿是相同的，也正是因为有了这些农事活动，劳动人民美好的愿望得以充分地表达出来，也让我们看到了他们淳朴与积极的生活态度。

二、农耕文化的特征

（一）地域多样性

我国幅员辽阔，各地的气候环境以及地形地貌可谓是千差万别，但这些差异并没有限制我国农业的发展，人们凭借自己的智慧，根据不同的气候、不同的地形，因地制宜地种植了不同种类的农作物，并创造出了与之相适宜的农业生产模式。从我国南方的热带气候到北方的寒带气候，从东部的平原到西部的高原，我国的农作物类型以及生产模式可谓是丰富多样。比如，我们熟知的北方旱地耕种与南方水田耕种，就由于农作物不同、农事工具不同而导致耕作方式不同。此外，在我国农业的长期发展过程中，劳动人民也逐渐创造了间作、混作、套作等复合化的种植方式，这种多种作物搭配种植的方式提高了农田生态系统的复杂性，也提高了农田生态系统的稳定性，更进一步提高了农作物的丰富性。总之，我国各地的农耕文化可谓各有差异，但也各具特色。

（二）乡土民间性

农耕文化植根于乡村土地，与乡村、农民紧密联系，呈现出明显的民间性的特点。也正是这种民间性使农耕文化在长时间的发展过程中以一种相对稳定的姿态传承下来。在古代的很多文学、艺术作品中，我们可以看到农耕文化的影子，其中最具代表性的便是以陶渊明为首的田园诗派的诗作，这些诗作大多取材于田园生活，语言平淡自然，表达了他们对于躬耕生活的热爱。此外，农耕文化传达出民间百姓最质朴的愿望，这些愿望植根于乡村，所以也带有民间性，但这些愿望也是积极向上的，是充满希望的，能够激励他人并给人以力量。

（三）历史传承性

农耕文化是一种原生性的古老文化，在我国农业发展的数千年时间里，其始终被后世传承着，这体现了农耕文化的历史传承性。作为一种文化形式，与其他文化形式不同，农耕文化已经渗透到劳动人民的生产生活中，所以只要农业仍旧存在，农耕文化便不会消失。而进入现代社会以后，工业的发展开始影响农业生产方式，使原本的农耕文化缺少了着落的土壤，一些农耕文化开始从我们的生活中消失。但作为一种传承了数千年的文化，其精神内核已经渗透到我们的血液中，所以在很多地方仍旧能够看到农耕文化的踪影。

三、农耕文化的价值内涵

我国是一个农业大国，源远流长的农耕文明是孕育中华文明的母体和基础。时至今日，传统农耕文化中的一些理念对于我们当前的农业生产以及生活仍具有一定的价值。具体而言，农耕文化的价值内涵可以概括为八个字：应时、取宜、守则、和谐。

（一）应时

农业生产中非常关键的一点就是自然节律，耕种农作物时，要结合农作物的生长周期，充分考虑自然节律，选择最为适宜的时间，这便是应时。在很多歌谣和谚语中，都体现了应时的重要性，如"立春春打六九头，春播备耕早动手""白露夜寒白天热，播种冬麦好时节""芒种不种，再种无用"等。农作物的季节性较强，如果不能根据气候、节气、气象条件等选择适应的耕种时间，就会影响农作物的产量。因此，在农业发展的几千年时间里，劳动人民始终恪守顺应天时的准则，很少发生"违农时"的情况。应时，看似是一个简单的准则，却体现了劳动人民对自然规律的重视。

（二）取宜

取宜中的"宜"是适宜、适合的意思。我国传统农业讲究的是因地制宜、因时制宜、因物制宜，统称为"三宜"。前面说的应时其实强调的就是因时制宜，而此处所说的取宜主要是对土地而言，所以可以理解为因地制宜，体现的是劳动人民对自然的认识和利用。我国幅员辽阔，各地的地形地貌可谓是千差万别，但这种差异性不仅没有成为阻碍我国农业发展的障碍，反而在劳动人民的努力下促成了我国农耕文化地域的多样性，他们在不断的尝试与摸索中懂得了取宜的原则，结合当地的地域特点选择出了适宜的农作物，并创造了与之相适宜的农事工具与生产模式。当然，有些地方的劳动人民对地形进行了改造，如梯田，但这种改造并不是完全破坏原来的地形、地貌结构，而是充分利用其地形、地貌特点，同样凸显了前人取宜的原则。

（三）守则

守则中的"则"为准则、规范之意，它是人在与自然长期互动的过程中形成的一些必须遵守的准则。这些准则是实践经验的结果，虽然没有明文规定，但却作为一种约定俗成的准则约束着人们。比如，早在先秦时期便有"以时禁发"的准则，如《荀子·王制》中"山林泽梁，以时禁发而不税"；《孟子·梁惠王上》中"不违农时，谷不可胜食也；数罟不入洿池，鱼鳖不可胜食也。斧斤以时入山林，材木不可胜用也"。这些准则体现了"用养结合"的思想，贯穿我国两千多年的农业发展，是我国农业能够实现可持续发展的一个重要因素。

（四）和谐

人、自然环境、农作物是农业的三要素，农业生产便是这三者相互作用的过程。因为对自然具有一定的认知，所以从很早开始，前人便非常重视人与自然以及农作物的关系，尤其重视人与自然的关系。他们认为人与自然的关系不是对立的，更不是相互对抗的，而是协调的，只有维持这种协调的关系，才能得到自然的馈赠，实现丰收。在我国几千年的发展过程中，这种农业理念不仅影响着我国农业的发展，更在一定程度上影响着中华文明的发展。的确，和谐理念塑造了中华民族的价值趋向与行为规范，孕育了中华民族"天人合一"的思想，使人们形成了人与自然和谐、人与社会和谐、人与人和谐的思想，并指引着中华民族不断走向可持续发展的道路。

第三章　乡村文化传承的总体路径

第一节　增进乡村文化的认同

一、乡村文化认同疏离的原因

（一）城市文化冲击下导致对乡村文化的抛弃

传统的乡村是一个相对封闭的社会，这种封闭性造就了乡村独特的社会结构，即以家庭为核心，以村落为主要活动地点，劳作、生活基本在一定的地域范围内，形成了一个相对封闭的小循环。虽然与外界的交流较少，但在这个小循环中却能实现物质与文化的自给自足，所以乡村中的人大多养成了一种祥和、安静的生活态度。但在现代社会，随着乡村交通设施的完善，乡村原有的封闭性被逐渐打破，与此同时，城市化的进程不断加快，城市文化开始对乡村文化形成强烈的冲击。相较于城市文化而言，乡村文化显得单调且乏味，于是越来越多的人开始抛弃传统的乡村文化，在好奇心的驱使下追求新鲜的城市文化，最后在追逐城市文化的过程中逐渐疏离了对乡村文化的认同。

（二）社会大众对农民身份存在认同危机

斯特克瑞认为，"为了能够以一种有序的、内部一致的方式行动，一个人必须定义环境：即谁是环境中的他人，谁是环境中的自己。"[①]定义谁是环境中的自己就是对自我身份的一种认同，定义谁是环境中的他人就是对他人身份的

---

① 魏晨.新生代农民工的身份认同问题研究——以徐州地区为例[J].经济与社会发展,2006,4(12):106-109.

一种认同。身份，从某种程度上反映了一个人在社会的位置，其核心体现的是一个人身处这个社会中应具备的权力、责任、义务以及行事规则。而在对身份的认同中，我们认清了自己是谁，也认清了他人是谁。这种认同的本意是提升对自我的认知，提升对他人的认知，但近些年来，一些人在身份的认同中却出现了偏差，将"农民"视作愚昧、落后的代名词，这使很多农民也出现了身份认同上的焦虑与危机，进而出现了对乡村文化认同上的焦虑与危机。

（三）乡村传统伦理道德逐渐碎片化

在前文笔者曾指出，乡村是一个"伦理本位"的社会，而伦理是凝聚乡村文化的核心。然而，随着工业的发展，乡村社会发生了巨大的变化，包括社会结构、生活方式等，这种改变使乡村传统的运行模式被解构，并深刻影响着农民的思想价值观念，使农民的价值取向逐渐趋于多变与复杂。其实，在多元文化融合的今天，每个人的价值观念都在变得更加复杂和多变，但只要始终坚守正确的价值观念，便不会迷失自我。但是，在多元价值观念的冲击下，乡村传统的伦理道德却逐渐瓦解，而碎片化伦理观念在约束力和凝聚力上都大大降低。作为凝聚乡村文化的核心，乡村传统伦理道德的瓦解加剧了农民身份认同的危机感，并造成了更多人对乡村文化的抛弃，而农民身份认同危机感的加剧以及对乡村文化的抛弃，又进一步加剧了乡村传统伦理道德的瓦解，形成了一个恶性循环。

二、增进乡村文化认同的重要性

（一）增进乡村文化的认同是乡村文化自信的基础

传统乡村文化是我国传统文化的重要组成部分，它蕴含乡村社会的诸多信息，反映了广大劳动人民的生产生活以及精神思想，是广大劳动人民智慧的结晶，也是民族最基础的生命力与凝聚力所在。乡村传统文化是在乡村长时间发展的过程中逐渐积淀下来的，真实地反映了乡村的生产生活实际、价值理念、民族特征，并在数千年的中国历史进程中影响着人们的思想观念。作为一种植根于乡村的文化，乡村传统文化蕴含着乡村社会中最纯粹的价值理念：自然、淳朴、厚重、和谐的生存姿态以及基本的伦理道德等。这些价值理念随乡村传统文化不间断地传承下去，并逐渐成为维系中华民族情感以及建设先进文化的根基。

　　然而，目前乡村文化却面临逐渐解体的危机，乡村文化不再是农民引以为豪的文化，而是开始被农民抛弃。如前文所述，很多农民认为城市文化更加丰富，对乡村文化以及自己身份的认同感越来越低，他们急于摆脱"农民"的称呼，极力想融入城市文化之中。对乡村文化的不自信不仅影响了大量的农民，更影响了生活在乡村中的青少年，本该成为支撑他们成长的根——乡村文化——在逐渐解体和被抛弃之后，使他们处于一种无根的文化环境之中，从而导致他们表现出一种无所适从的自卑与无奈，并盲目地追求城市文化。

　　为了避免乡村文化衰落，拯救正在逐渐解体的乡村文化，必须要让农民重拾文化自信，唤醒他们对乡村传统文化的记忆，让他们真正认识到乡村文化中的核心价值，懂得乡村文化的精髓，并理解乡村文化的内涵。不可否认，乡村文化中的确存在糟粕的内容，尤其在城市文化的冲击下，这些糟粕的内容更为凸显，但乡村文化中同样存在精华的部分，而农民对乡村文化的抛弃是一种全面的抛弃，即不考虑其糟粕和精华，而是将其全面进行否定并抛弃。出现这种情况的一个重要原因就是很多农民对乡村文化的认知较低，虽然他们长时间生活在乡村，但很少有人对乡村文化进行过深入的剖析，更多人只是将其当成一种自然而然的存在。虽然乡村文化具有一定的稳定性，对外来文化也表现出一定的排斥性，但在城市文化一次次的强烈冲击下，乡村文化也终究难逃解体的命运，而一旦解体之后，其弊端便会被放大并暴露在众人面前，进而导致包括农民在内的社会大众对乡村文化的抛弃。因此，要增进农民对乡村文化的认同，要先增进农民对乡村文化的认知，让他们全面、深入地认识乡村文化，看到并认可乡村文化中合理且优秀的一面，从而增进对乡村文化以及自身的认同，重拾文化自信。

（二）增进乡村文化认同是乡村文化发展的必然

　　在乡村中，乡村传统文化所传达的价值观念起到一种约束和引导的作用，同时能够整合乡村社会中人们的思想和行为，从而在乡村范畴内形成一个小的社会共同体。在这个以乡村为核心的社会共同体中，所有成员自觉遵守已经约定俗成的准则，并在此基础上形成了共同的心理认同。乡村传统文化如同一只无形的手，将乡村中的人聚集到一起，形成了一个同心同德的整体力量。可以想象，如果乡村文化解体，那么乡村中人们的共同价值观念也会解体，乡村的社会秩序也会随之被打破，甚至出现普遍的失范现象。因此，对一个乡村而言，除了能够凝聚人心的血缘与地缘之外，还需要乡村传统文化赋予的价值认同感以及归属感。

在现代化建设的进程中，国家对乡村文化的建设同样非常重视，其建设的目标是在传承传统文化的基础上融合现代文化，从而打造一个新的乡村文化体系，并构建一个新的文明秩序。在这个过程中传承乡村文明是至关重要的，虽然新的文化体系的建设必然会对旧的文化体系造成冲击，但这种结构秉承科学的理念，并不是盲目地对传统文化全盘抛弃，而是在继承的基础上进行创新和发展。其实，就传统乡村文化本身而言，其发展的历程就是一个不断继承和变革的过程，这是事物发展的必然规律。然而，在建设和发展乡村文化的过程中，却出现了农民对传统乡村文化认同疏离的现象，这阻碍了对乡村传统文化的继承。另外，对传统乡村文化的疏离加快了传统乡村文化的解体，而此时新的文化体系还没有建立，这会导致乡村陷入一种无序的状态，进而影响乡村文化的发展。因此，站在乡村文化建设与发展的宏观视角上，同样需要增进农民对传统乡村文化的认同，并积极继承文化中的精华，在继承中实现发展。

三、增进乡村文化认同的措施

（一）还原传统乡村文化的独特风貌

正所谓"一方土地育一方文化"，文化的地域特征是文化的生命力所在。的确，在林林总总的世界文化中，我们看到了不同的文化，也看到了不同的文化所呈现出的特色，这些不同的文化共同构成了人类的文化。乡村文化作为一种产生于乡村的文化，具有其自身的特色，正是这些特色的存在使其彰显出蓬勃的生命力。在我国公布的国家级非物质文化遗产名录中，有很多都属于乡村文化，如河北的秧歌、江浙的评弹、东北的"二人转"等。然而，随着现代化进程的加快以及城市文化的冲击，越来越多的乡村文化失去了其本色。可以想象，失去了特色的乡村文化也便失去了生命力，更难让他人认识到其魅力所在，也更难赢得他人的认同。因此，要增进大众对乡村文化的认同，首先要还原乡村文化的独特风貌，让更多人充分地认识到乡村文化的本色及魅力所在。

第一，充分发挥村民的主体作用。乡村文化植根于乡村，村民无疑是传承和发展的主体。但是，目前很多村民对乡村文化存在认知上的误差，所以政府要作为一个重要角色介入其中，政府不仅要将乡村文化的本色进行还原，还要指导村民如何继承和发展乡村文化。面对乡村文化传承的现状，政府的介入无疑会起到非常积极的作用，但毋庸置疑的是村民是继承和发展乡村文化的切实参与者，需要进一步发挥他们主体性的作用，让他们认识到传承和发展乡村文化的重要价值，而不是通过硬性规定去实现。只有这样，村民才会更加积极主动地参与其中，并尽自己最大的努力将乡村文化的魅力展现给他人，从而让他人在感知乡村文化魅力的同时增进对乡村文化的认同。

第二，积极挖掘整理乡村文化。要还原乡村文化的独特风貌，就要加强对乡村文化的挖掘与整理工作，因为目前仍旧有很多乡村文化没有完整地呈现在我们面前。因此，我们要加强对那些历史悠久、影响深远、价值内涵深厚以及富有地域特色的乡村文化的挖掘和整理，包括民族语言、民俗活动、手工艺、传统表演艺术等。此外，对乡村文化的挖掘和整理不能仅仅局限于物或者事，还应该拓展到人，即对一些民间艺人进行表彰，他们作为传承乡村文化的载体，为乡村文化的传承发挥了重要的作用，也正是因为他们的存在，一些民间文化得以以最生动和本真的样貌展现在我们眼前。这就需要我们制定民间文化遗产传承机制，寻找愿意继承这些民间文化的年轻人，使这些民间文化以最生动和本真的形式继承下去，而不是只冰冷地存在于博物馆或录像中。

（二）打造传统乡村文化有关的公共空间

乡村公共空间是一个乡村中人们相互交流与公共生活的场所，发挥着促进村民交流、提升村民凝聚力的作用。曹海林从传统文化学的角度着手，认为公共空间强调一定场所之内的公共精神和归属意识，是乡村社会内部早已存在的一些具有某种公共性并且以特定空间形式相对固定下来的社会关联和人际交往的结构方式。[①]基于乡村公共空间的作用，笔者认为可以在公共空间中融入一些有乡村文化的内容，这样不仅可以耳濡目染地影响生活在乡村中的人，让村民进一步认识到乡村文化的内涵，也可以使乡村公共空间凝聚力的作用得以发挥，可谓一举两得。

至于如何打造与乡村文化有关的乡村公共空间，笔者发现不同地区所采取的形式也有所不同，有些乡村打造乡村文化长廊，有些乡村打造乡村文化礼堂。例如，临安上田村在 2012 年建立了浙江第一个综合型村级文化礼堂，临安光辉村、下许村等村庄纷纷效仿，将村内原来的祠堂、庙堂等改建成了新的文化礼堂。

其实，无论采取哪种形式打造乡村文化公共空间，有如下几点是必须要注意的：第一，切忌盲目跟风，要充分考虑自身文化的特色，做好整体规划，可先选取几个乡村做试点，通过示范村引路的形式带动其他乡村。第二，突出乡

---

① 曹海林.村落公共空间演变及其对村庄秩序重构的意义——兼论社会变迁中村庄秩序的生成逻辑 [J]. 天津社会科学,2005,4(6):61-65.

村文化特色的同时突出时代主题。乡村文化公共空间的内容无疑要突出乡村文化的特色，但不能为了突出传统特色而违背了时代主题，即其价值内涵应该符合社会主义核心价值观的主旋律，不能扭曲，更不能愚昧落后。第三，采取喜闻乐见的形式。乡村文化公共空间的受众是广大农民群众，他们大多没有接受过高等教育，如果内容过于深奥和枯燥，将大大降低其效用，所以应采取农民群众喜闻乐见的方式，便于他们易于理解和接受。第四，要注意定期维护。随着时间的流逝，乡村文化公共空间的设施不可避免地会出现老化、破损等情况，所以必须要定期对其进行维护，使其能长时间内发挥效用。

（三）通过乡村教育加强学生的文化引领

对乡村文化认同感的提升不能仅指向成人，还要指向正在成长的学生。而增进学生乡村文化认同的一个重要渠道就是乡村教育，此教育并非单纯指义务教育，也包含公共教育，如借助乡村公共空间（如前文提到的乡村文化礼堂）定期对学生进行乡村文化教育，让学生增进对自己所生活的这片土地的文化认知。

从某种程度上来说，教育是文化的一种"生命机制"。于影丽在其博士论文中也曾指出："教育从来就是某个共同体、社会或民族借以向下一代传递它认为有利于团体生存和发展必不可少或至关重要的文化传统的一种社会过程。"[1]由此可见，教育将作为一种载体，承载着文化传承下去，而借助教育这个载体，文化也能够展现其活力，并在吐故纳新中实现发展。此外，作为一种相对科学的方式，教育会结合社会需求以及受教育者的需求对文化进行选择，这种选择保留了文化中的精华部分，摒弃了文化中的落后部分，对于传承者而言无疑更具意义。

---

[1]　于影丽.社会转型期乡村文化传承与发展研究[D].兰州：西北师范大学,2009.

第二节 加强乡村文化的保护

一、规划乡村文化保护路线

（一）乡村文化保护基本路线

为了更好地保护乡村文化，需要规划乡村文化保护的基本路线，该路线的制定主要包括以下三步。

1. 对乡村文化进行分类调查

乡村文化的种类众多，而要保护乡村文化，需要先对该地域范围内的乡村文化进行调查和分类。对乡村文化进行调查是一个细致的工作，需要调查人员具有足够的耐心，而分类则需要相关人员对乡村文化有一定的了解，能够根据对象的属性对其进行正确的分类。

2. 对乡村文化的情况进行鉴定

在对乡村文化进行调查和分类的同时，还需要对乡村文化的情况做出详细的分析，了解乡村文化的现状，这是有针对性制定保护措施的关键。对乡村文化情况的调查与分析主要有三个方面：文化价值、现存状态以及管理条件，具体如表 3-1 所示。

表 3-1 乡村文化分析表

分析方向	分析的具体内容
文化价值	文化的历史、艺术价值
	合理利用可能产生的经济效益与社会效益
	在历史文化或中华传统文化中的地位
现存状态	环境状态：分析当前的自然环境、社会环境以及乡村环境，明确其对文化的影响
	文化自身状态：精神层面的文化主要分析其传承以及人们传承的意愿；物质层面的文化主要分析物理状态的稳定性，以传统建筑为例，根据建筑的保存状况、环境条件对建筑所面临的有害影响进行评估，提出分级预警（红色预警：在结构、存在环境等方面受到重大威胁，存在处于濒危状态的文物；黄色预警：在结构、存在环境等方面受到明显威胁，存在处于警戒状态的文物）

续　表

分析方向	分析的具体内容
管理条件	管理机构担负的任务和人员构成，保护和研究的能力
	利用功能是否合理，社会干扰因素是否能够控制
	公开开放的服务设施状况
	对灾害的预测和防御、应急能力

3.有针对性地制定保护措施

在完成上述两步的工作后，便是有针对性地制定相关保护策略，尤其针对一些重点保护项目制定详细的保护策略，并按照策略落实。

（二）规划乡村文化保护路线的要点

1.调查时普查与重点调查相结合

乡村文化调查是一项系统且庞杂的工程，在调查的过程中应建立相应的数据库，并结合调查的结果建立乡村文化保护名录。当然，由于调查的工作量非常大，很难对每一种文化都进行重点调查，所以调查过程中需要采取普查与重点调查相结合的方式，即在普查的基础上确定重点，然后针对其中的重点做更为深入的调查与分析。

2.确保物质文化与精神文化保护的一致性

乡村文化兼具物质属性与文化属性，这两种属性的文化既相互独立，又相互融合，共同影响着乡村文化的发展。物质文化是一种显性的文化，精神文化是一种隐形的文化，相比较而言，物质文化由于其显性的特点更容易保护，而精神文化则由于其隐形的特点导致其保护存在困难。但无论简单也好，困难也罢，二者作为乡村文化的重要组成部分，在规划时需要确保一致性，缺一不可。

3.积极发挥政府的主导作用

乡村文化保护是一项系统工程，凭借个人的力量很难完成，必须积极发挥政府的主导作用，即在政府领导下调动社会各界的力量参与。此外，政府还需要从制度或立法等方面做出努力，制定乡村文化保护制度或者相关的法律法规，进一步加强对乡村文化保护的力度。

二、实施乡村文化保护工程

（一）乡村文化保护工程实施要点

在《乡村振兴战略规划（2018—2022年）》中明确指出："实施乡村振兴战略是传承中华优秀传统文化的有效途径。中华文明根植于农耕文化，乡村是中华文明的基本载体。乡村振兴、乡风文明是保障。实施乡村振兴战略，深入挖掘农耕文化蕴含的优秀思想观念、人文精神、道德规范，结合时代要求在保护传承的基础上创造性转化、创新性发展，有利于在新时代焕发出乡风文明的新气象，进一步丰富和传承中华优秀传统文化。"乡村文化对乡村，乃至对我国的发展都起着非常重要的作用，所以对乡村文化的保护不能仅仅停留在口头上。具体而言，乡村文化保护工程可以从如下几方面进行。

1.建立乡村文化传承保护名录

建立乡村文化传承保护名录有助于人们对乡村文化有更为全面的认知，也有助于指导乡村文化传承保护工作的进行，所以需要组织相关人员对乡村文化进行调查、收集和整理，这也是乡村文化保护路线中至关重要的一步。

2.编纂乡志、村志

正所谓"国有史，方有志"，此处的"方"便是地方，目前关于地方志的书籍，大多细化到行政县，乡、镇、村很少有关于自身的地方志。当然，这与乡村文化本身的特质有关，因为乡村文化具有一定的稳定性，所以一个乡、镇、村可以记述的文化内容有限，很难成书，因此大多将地方志编纂的范畴扩大到县一级。但编纂乡志、村志对于保护、传承乡村文化无疑能够起到非常积极的作用。鉴于上述情况，可结合当地的具体情况而定，如果当地乡村具有非常深厚的文化底蕴，可以对其进行深入挖掘，然后编纂成书；如果当地乡村文化底蕴较为浅薄，则可以将其内容更新到县志中。通过编纂乡志、村志，可以将乡村文化定格到书籍中，并借助书籍的力量促进乡村文化的传承与保护。

3.建设乡村文化生态保护区

乡村文化囊括的内容与形式非常丰富，包括村落、建筑、民俗等多方面，所以对乡村文化的保护不能仅仅局限于某个方面，而是要实施整体性保护。但鉴于工程量浩大，所有乡村都实施整体性保护并不现实，所以目前的保护形式应该是点面结合，即对一些重点区域进行整体性保护，建立生态文化保护区。例如，为了保护民族文化，云南省颁布了《云南省民族团结进步示范区建设条例》，从政策保证、人才培养、法治建设等多个方面着手，推动了全省民族文化生态保护区的建设工作。

4.开展保护性开发

所谓保护性开发，主要是指以完善功能为任务，以经济为手段，以保护为根本目的的合理开发。作为可持续发展理念指导下的重要内容，保护性开发目前被广泛应用于资源、环境等的开发利用中。[①]保护性开发，开发是手段，保护是目的。乡村文化作为一种资源，以科学的手段对其进行适当的开放，提高其社会价值，无疑也是一种有效的保护手段。当然，这种开放必须以科学为依据，不能盲目进行，也不能为了经济效益而开发，而要在综合考量的基础上因地制宜地进行，以实现乡村文化的有效利用与保护。

（二）乡村文化保护工程实施实例

1.安徽省"乡村文化遗产保护工程"

为推进乡村文化建设，安徽省文化厅在2018年颁布了《中共安徽省委、安徽省人民政府关于推进乡村振兴战略的实施意见》（以下简称《意见》），该《意见》就乡村文化建设提出了八大工程，其中之一便是"乡村文化遗产保护工程"。

在"乡村文化遗产保护工程"的指引下，安徽省各市积极落实乡村文化保护工作。例如，亳州市于2020年开展了非物质文化遗产排查保护工作，组织文化工作者深入开展非遗资源大调查，全面掌握全市非物质文化遗产资源的种类、数量、分布、生存及保护现状等。先后组织开展7批市级非物质文化遗产评定，共确定公布144项市级非遗名录。每年预算安排专项经费并积极争取省级资金用于非遗保护与传承发展。建立完善"政府主导、协会运作、社会参与"的非遗资源保护体系。2020年10月20日，"2020年安徽省非遗保护工作培训班"在亳州市开班，全省各市、县非遗系统工作人员170余人参加培训。2020年，全市共开设各类非遗培训班10次。截至2020年底，亳州市共有国家级非遗传承人2人、省级31人、市级153人。

2.山东省"乡村记忆工程"

2014年，由山东省委宣传部、省文物局牵头，省文明办、省财政厅、省发改委等部门联合在山东省开始实施"乡村记忆工程"，该工程的重点是保护传承文化遗产，留住齐鲁的特色乡愁。"乡村记忆工程"主要包括四个方面的任

---

① 曹小曙.新型城镇化进程中的城乡规划管理创新研究[M].西安陕西师范大学出版总社有限公司，2015：179.

务：一是对特色地方文化遗产进行征集、整理和保护；二是发挥民俗博物馆、乡村博物馆的作用，唤醒当地民众文化遗产保护的意识；三是引导民众积极参与文化遗产保护事业；四是强化文化遗产展示宣传工作，并提升遗产保护工作的专业性。

"乡村记忆工程"是对乡村文化遗产保护形式的一种创新，也是以省级为单位就乡村文化保护进行的宏伟布局，对于乡村文化的传承保护具有非常积极的意义。"乡村记忆工程"提出之后，山东省各级文物部门积极开展对乡村文化遗产的普查，许多优秀的乡村文化被确定为文化保护项目。此外，该工程保护对象的涵盖范围也非常广泛，包括民居、乡村大院、祠堂等传统建筑，具有代表性的生产工具以及节庆习俗、乡土生产习惯等非物质遗产。2015 年 5 月，山东省各部门联合发布了《关于公布第一批"乡村记忆"工程文化遗产名单的通知》，名单中包含传统文化乡镇 7 个、传统文化村落 171 个、传统民居 66 个。

在现代化和城镇化的车轮滚滚向前的时候，我们享受着市场经济带来的物质丰腴，也遭遇了前所未有的精神空虚。而乡愁作为我们精神家园的最好依托，也正在成为一个遥远的记忆。"乡村记忆工程"的推出，为留住乡愁提供了现实素材。这不仅应该成为齐鲁大地的做法，也应该开启积极推广之路，成为各地的做法。因为"乡村记忆工程"能够勾起我们留存在乡村最为美好的回忆和往昔，也能够给现实中的我们赋予更多的精神力量。可以说，"乡村记忆工程"能够真正让乡愁在现代浪潮中诗意地栖居，也让我们的精神家园不再荒芜。

作为以乡村为根基的中国人，我们必须了解乡村发展的历史，懂得自身的来龙去脉，清晰历史和现实的关系，同时对这些与我们息息相关的文化进行传承和保护。总之，现代社会的进步，绝不是以牺牲乡村为代价。按照社会学的基本观点，村落文化正是传统文化的最佳栖居地，也是我们精神的栖息地，我们需要借助"乡村记忆工程"把乡村留下，把乡村文化留下。

三、加强非物质文化遗传保护制度建设

何为非物质文化遗产？2003 年联合国教科文组织颁布的《保护非物质文化遗产公约》中这样定义："非物质文化遗产"是指被各社区、群体，有时是个人，视为其文化遗产组成部分的各种社会实践、观念表述、表现形式、知识、

技能以及相关的工具、实物、手工艺品和文化场所。[1]《中华人民共和国非物质文化遗产法》中对非物质文化遗产的定义如下：各族人民世代相传并视为其文化遗产组成部分的各种传统文化表现形式，以及与传统文化表现形式相关的实物和场所，包括：传统口头文学以及作为其载体的语言；传统美术、书法、音乐、舞蹈、戏剧、曲艺和杂技；传统技艺、医药和历法；传统礼仪、节庆等民俗；传统体育和游艺；其他非物质文化遗产。[2] 我国的非物质文化遗产很多都与乡村文化有关，这与我国古代以农业为主有关。因此，从某种意义上来说，对非物质文化遗产的保护便是对乡村文化的保护。

如今，我们对非物质文化遗产的保护越来越重视，保护对象的范围也在不断扩大，制度方面颁布的《中华人民共和国非物质文化遗产法》为我国非物质文化遗产的传承与保护发挥了非常积极的作用。其实，纵观全球各国，很多国家都非常重视非物质文化遗产的保护，也都从制度方面做出了努力。比如，美国在 1976 年出台了《美国民俗保护法》，日本在 1950 年出台了《文化财保护法》。我国的《中华人民共和国非物质文化遗产法》在 2011 年公布，这是继《文物保护管理暂行条例》（1961 年）、《中华人民共和国文物保护法》（1982 年）之后颁布的第三个有关文化遗产保护的法规制度。

关于非物质文化遗产制度的制定，有以下几个必须要遵守的原则：一是坚持区分精华与糟粕的原则。非物质文化遗产非常庞杂，我们对待其的态度应该是取其精华、弃其糟粕，就像联合国《保护非物质文化遗产公约》中所强调的"保护符合人性的、人权的遗产"。二是要坚持中华文化一体多元的原则。中华文化源远流长。中华文化的本质特点是什么？一体多元。什么是一体？维护中华文化的统一性是一体。什么是多元？比如，少数民族文化也是中华文化的组成部分。所以，法律里特别强调保护非物质文化遗产要有利于增强中华民族的文化认同，有利于维护国家统一和民族团结，有利于促进社会和谐和可持续发展。三是保护为主、合理利用、促进发展原则。对于非物质文化遗产而言，虽然也重视合理地利用，但更多的是强调保护，使其健康、可持续的发展。

从《中华人民共和国非物质文化遗产法》出台至今已经整整十年的时间，该法律对推动我国非物质文化遗产的保护继承工作起到了法律支撑的作用。但有一点需要我们注意，该法律是站在国家宏观层面制定的，我国地域辽阔，不同地域之间的非物质文化存在很大的差异，所以在具体的落实中还需要结合不

---

① 张玮玲，崔娜.公共文化服务理论与实务[M].银川：宁夏人民出版社，2014：31.
② 王执中.经济·中国非物质文化遗产蓝皮书（2017）[M].北京：经济日报出版社，2017：53.

同地域的具体情况。这就需要我们在《中华人民共和国非物质文化遗产法》的宏观指导下，结合各地实际情况，制定更为具体的非物质文化遗产保护制度，从而使各地非物质文化遗产的保护工作更具有针对性，也更具有效率。

第三节　发挥多方主体的作用

一、发挥村民的作用

村民是乡村文化传承的主体。在乡村文化演变和传承的历史进程中，始终离不开村民的身影。在现代社会中，虽然多数村民的文化程度不高，但作为长期生活在乡村中的群体之一，与乡村文化的接触最为频繁，所以在乡村文化的传承中不能忽视村民的主体作用。然而，在乡村文化传统中，很多地区没有认识到村民的重要作用，仅仅将村民看作是农业劳动者，影响了乡村文化的传承。笔者认为，可以从以下几点着手，重视发挥村民在乡村文化传承中的主体作用。

（一）积极听取村民意见

村民作为长期生活在乡村中的群体，在与乡村文化长期的接触中，形成了对乡村文化的深刻认识。与专业人士相比，虽然村民的文化程度较低，在专业性上较差，甚至毫无专业性，但长期接触形成的认知却可能为专业认识提供不一样的思考角度。的确，对于专业人士而言，虽然专业度较高，能够从专业层面对乡村文化传承提出建议，但有些专家因为缺乏对某地乡村文化的长期考察，导致其在认知上不免出现偏差，而村民提出的一些意见恰恰能够帮助其认识与改正一些认知偏差。因此，在针对乡村文化传承方面，应该积极听取村民意见，将他们作为乡村文化传承的重要力量，共同为乡村文化传承贡献力量。

（二）与村民共同发展乡村旅游产业

乡村旅游产业的发展通常依靠当地的企业，而企业因为在乡村旅游资源开发中占有较大的话语权，常常会出现侵占村民利益的行为，即企业完全负责乡村旅游产业的经营，村民仅仅在乡村旅游资源开发的前期得到一些补偿。事实上，无论是乡村旅游产业发展，还是乡村文化传承，村民都是不可或缺的，缺少了村民的参与，企业开发的乡村旅游项目将失去活力，村民参与文化传承的积极性也将大幅降低。因此，在发展乡村旅游产业的过程中，企业和村民应该形成合力，共同为乡村文化的传承以及乡村旅游产业的发展而努力。

（三）重视对非物质文化遗产传承人的评审

非物质文化遗产作为乡村文化的精华之一，保护和传承非物质文化遗传，不仅有助于我国优秀传统文化的发扬，还能够增强民族自豪感和凝聚力。非物质文化遗产传承人是传承非物质文化遗产的主体，因此各地应该重视对非物质文化遗产传承人的评审工作，从而充分发挥非物质文化遗产传承人对乡村文化的传承作用。例如，阜阳市在 2020 年开展了第五批市级非物质文化遗产代表性传承人评审工作，最终确定了 48 名市级非物质文化遗产传承人，如表 3-2 所示。

表 3-2　阜阳市 2020 年第五批市级非物质文化遗产传承人名单

序　号	类　别	项目名称	县／市区	姓　名
1	传统音乐	坟台唢呐	太和县	苏龙飞
2	传统音乐	坟台唢呐	太和县	王小朋
3	传统舞蹈	颍上花鼓灯	颍上县	刘波
4	传统舞蹈	太和狮子灯	太和县	汪鑫
5	传统舞蹈	花挑舞	阜南县	唐国英
6	传统戏剧	嗨子戏	阜南县	沈庆于
7	曲艺	太和清音	太和县	李恬舒
8	曲艺	太和清音	太和县	丁新敏
9	曲艺	颍上大鼓书	颍上县	王祥学
10	曲艺	颍州大鼓书	颍州区	宋会地
11	曲艺	淮词	颍州区	李婧
12	曲艺	扁担戏	界首市	薄小路
13	曲艺	界首渔鼓	界首市	毛玉兰
14	传统体育游艺与杂技	临泉杂技	临泉县	侯杰
15	传统体育游艺与杂技	临泉杂技	临泉县	胡思圆
16	传统体育游艺与杂技	两仪拳	界首市	高金星

续 表

序 号	类 别	项目名称	县/市区	姓 名
17	传统技艺	皖北芥菜制作技艺	临泉县	杨磊
18	传统技艺	临泉毛笔制作技艺	临泉县	李守勤
19	传统技艺	李老庄卤猪蹄加工技艺	临泉县	李治伟
20	传统技艺	水晶羊蹄制作技艺	临泉县	王洪其
21	传统技艺	肘子将	颍东区	王崇人
22	传统技艺	太和坟台元子制作技艺	太和县	钱磊
23	传统技艺	阜阳焦馍	颍州区	刘影
24	传统技艺	黎金陵字画装裱	颍州区	黎金陵
25	传统技艺	界首壮馍	界首市	段修奎
26	传统技艺	李良成熏鸡制作技艺	界首市	李科羽
27	传统技艺	黑熬子酒酿造技艺	界首市	聂林
28	传统技艺	乾元斋毛笔制作技艺	界首市	饶树忠
29	传统技艺	春峰驴肉制作技艺	界首市	王坤
30	传统技艺	界首彩陶烧制技艺	界首市	卢山保
31	传统技艺	界首彩陶烧制技艺	界首市	卢文龙
32	传统技艺	界首彩陶烧制技艺	界首市	邢会
33	传统技艺	杆秤制作	阜南县	隋永军
34	传统美术	界首竹编	界首市	曹风帆
35	传统美术	临泉葫芦烙画	临泉县	韩玉梅
36	传统美术	阜阳剪纸	太和县	张龄
37	传统美术	阜阳剪纸	太和县	高慧敏
38	传统美术	阜阳剪纸	颍上县	许宏
39	传统美术	阜阳剪纸	界首市	贾予锋
40	传统美术	阜阳刺绣	太和县	王晓莺
41	传统美术	杜氏刻铜	颍东区	杜仲伟

续　表

序　号	类　别	项目名称	县／市区	姓　名
42	传统美术	微雕技艺	颍泉区	王清松
43	传统美术	界首鱼拓	界首市	胡继江
44	传统美术	界首木雕	界首市	刘中立
45	传统美术	界首木版年画	界首市	徐涛
46	传统美术	玉印篆刻	颍州区	张雷
47	传统医药	珍珠牛黄散药方剂	临泉县	张进付
48	民俗	肘阁抬阁	临泉县	胡天军

二、发挥政府的作用

在乡村文化传承中，政府扮演着引导者、组织者、管理者等多个角色，政府需要制定规划政策、组织开展文化活动、监督文旅市场、调动人民群众参与文化传承的积极性。在乡村几千年的发展进程中，乡村文化的传承都是自发进行的，这是因为几千年来乡村生产生活方式没有本质性的改变，所以传统乡村文化一直较为稳定地存在于乡村中，并一直传承下去。但进入工业社会以后，乡村的生产生活方式发生了巨大变化，传统乡村文化遇到了前所未有的冲击，并逐渐衰落，虽然仍有一些农民出于责任意识在传承着，但依靠他们的力量远远不够，还需要政府的参与和引导。具体而言，在乡村文化传承中，政府的作用有如下几个方面。

（一）制定政策

乡村文化传承是一项复杂的工程，政府需要从宏观的角度出发制定规划，确定乡村文化传承发展路线，用以指导具体工作的落实。此外，还可以出台一些支持性的政策，鼓励和引导更多人参与乡村文化的继承中来。例如，黄山市为加强对古村落的保护，从2006年开始实施了一系列保护古村落的政策，并出台了《古村落保护利用办法》等规定性的文件。该文件为促进以古村落为代表的文物文化的保护和传承发挥了重要作用。

当然，除了上述文件外，还有很多相关的政策，而在这些政策的引导下，黄山市先后形成民企独资保护利用的"宏村模式"、政府主导国企经营的"西递模式"、财政扶持民企经营的"呈坎模式"、省外独资村级协助的"祖源模式"等。

（二）组织开展民俗文化活动

乡村文化中有很多内容是以民俗的形式呈现的，虽然目前一些地区仍旧会按照传统习俗定期组织一些民俗活动，但其重要性已经被淡化了，民俗活动的数量在减少，规模也在变小。试想，当这些民俗活动从生活中消失，只存在于影像中时，也就意味着这些民俗的传承中断了。其实，从前面笔者对民俗文化内涵的剖析中可以发现，民俗活动寄托着农民的期望与祝福，这些期望大多与农业生产有关，而当农业生产方式发生变化后，这些期望也随之消失，民俗活动自然不再有存在的意义。基于这一认识，政府在组织民俗活动时，要充分考虑民俗活动背后的文化内涵，挖掘其中蕴含的与现代价值观相同的内容，并结合乡村特点以及人民群众的精神文化需求，让人民群众乐于参与其中。在组织活动的同时，借助现代媒体传播的广泛性，将活动传播出去，扩大其影响力，提升社会大众对民俗活动的关注度，从而使民俗活动得以持续举办。

（三）监管文旅市场

笔者曾在前面提到保护性开发，这也是传承和保护乡村文化的一个有效措施，尤其在乡村旅游热度逐渐提高的今天，通过乡村文化与旅游相结合的方式，不仅能够促进乡村文化的保护与传承，也能够促进乡村经济的发展，可谓一举两得。目前，很多乡村都结合当地传统文化发展旅游产业，并且取得了不错的成效。但是，在对乡村传统文化进行开发和利用的时候不能违背了"保护"这一初衷。因此，政府要加强对乡村文旅市场的监管，尤其监管开发者对乡村文化开发的合理性与科学性，切忌开发者为了获得利益而采取破坏性开发的行为。

（四）提供人力支撑与保障

乡村文化的保护传承除依靠人民群众之外，还需要一批专业性的人才。乡村文化的传承不仅要有"形"，更要有"神"，在乡村文化传承的过程中，有时人虽然传承了乡村文化的"形"，但对其"神"并不了解，这就需要一些专业人才挖掘乡村文化的深层价值与文化内涵。乡村文化的形式多样、内容多元、内涵丰富，其传承并不是简单地从一个人传递给另一个人，而是需要多个人、多种渠道。比如，本书提到对乡村文化的调查、整理便是保护和传承乡村文化的一个渠道，而从事这项工作的人必须是专业的人员。再者，通过发展乡村文化旅游产业实现乡村文化的保护性开发，同样需要专业人才的参与。由此可见，在乡村文化保护传承的过程中，人才是必不可少的，所以政府要重视相关人才的培养，为乡村文化的保护和传承提供人才支撑。

总之，在乡村文化的保护和传承中，政府要充分发挥其作用，扮演好引导者、组织者、管理者等角色，并通过多种形式与渠道盘活藏在乡村中的特色文化资源，从而使乡村文化在新时代的文明框架里、在现代与传统的交融中，绽放新的光彩。

三、发挥乡村学校的作用

除了村民与政府之外，乡村学校在乡村文化传承中也发挥着重要的作用。学校作为主要的教育场所，对于乡村文化的传承，可以从培养学生理性的价值观、建设乡土情怀教师队伍、开发乡村文化课程三个方面着手。

（一）培养学生理性的价值观

学生的价值观影响着其对乡村文化的态度。对于学生来说，其价值观还不成熟，很容易受到外界种种因素的影响，形成错误的价值观，这不仅不利于纠正学生对乡村文化的看法，还不利于学生的成长与发展。因此，在学校教育中，教师应该潜移默化地培养学生理性的价值观，让学生正确看待乡村文化，尤其在城市文化不断向乡村渗透的今天，更要让学生明白，乡村文化和城市文化都有值得学习和发扬的地方，切忌在接受城市文化的过程中抛弃了乡村文化，从而使自己的文化失去了"根"。

（二）建设乡土情怀教师队伍

教师是学生学习路上的引路人，学生的很多行为和观念常常会以教师为榜样。因此，要想让学生正确看待乡村文化，教师要先具备乡土情怀，并能够对乡村文化有正确的认知。首先，无论面对的是来自在城市任教的教师，还是始终在乡村任教的教师，都要培养他们的乡土情怀，让教师对当地的乡村文化有一个全面的认识，明确乡村文化的内涵与价值，并通过实践不断加深对乡村文化的认知。其次，学校可以定期组织一些探索乡村文化的课外活动，让教师和学生一起参与，如针对某项民俗进行深入挖掘和整理，最终以报告的形成呈现给学校领导。总之，教师的行为具有示范性，正所谓"其身正，不令而行；其身不正，虽令不从"，教师应该以身作则，从而带领学生认识乡村文化，并为保护和传承乡村文化贡献力量。

（三）开发乡村文化课程

现今，很多学校都重视校本课程的开发，旨在加强学生教育的针对性。对于乡村学校而言，除了传授知识之外，还肩负着传承乡村文化的责任，因此学校可以结合当地的乡村文化开发相关的校本课程。对于校本课程的开发步骤如下：首先，要确定教学目标；其次，设计课程内容，课程内容要凸显当地的文化特色，取其精华，去其糟粕；再次，制订课程计划，即规划好课程比例、课时分配；最后，强化落实，不能使开发的课程流于表面，要按照计划开展课程，并做好教学评价。

总之，在乡村文化传承中，村民、政府和学校作为促进乡村文化传承的主体，缺一不可。村民、政府和学校如同三角形的三条线，构成稳定的结构（图3-1），共同推动着乡村文化的传承。

图 3-1　村民、政府、学校与乡村文化传承的结构示意图

第四节　发展乡村特色文化产业

一、乡村特色文化产业特征与发展现状

（一）乡村特色文化产业特征

1.乡村特色文化产业的资源依赖性

目前文化产业发展主要有两种模式：集约式与粗放式。集约式是指主要依靠高科技发展的文化产业模式，这种模式在北京、上海等经济发达的城市较为常见；粗放式是指主要依靠文化资源发展的文化产业模式，乡村主要以粗放式

为主。由于经济、科技等客观条件的限制，乡村很难走集约式的发展道路，但其丰富的文化资源却是很多市场所不具备的，所以利用好乡村的文化资源，发展具有乡村特色的文化产业，无疑是适合乡村发展的一条道路。当然，这也就决定了乡村特色文化产业对乡村文化资源具有较强的依赖性，离开了乡村文化资源，乡村特色文化产业的发展也便没有了基础。因此，在开发乡村文化资源时，要始终以保护为核心，保护乡村文化生态的完整性。

2.乡村特色文化产业的群众性

乡村特色文化产业的群众性表现在两个方面：一是乡村特色文化产业生产与创造主体的群众性；二是乡村特色文化产业的消费者的群体性。乡村文化是广大劳动人民群众共同创造的，是人民群众生产生活的真实反映，有着深厚的群众基础，所以植根于乡村文化的乡村特色文化产业也自然具有群众性的特征。作为乡村特色文化产业的消费者，自然也不是某个个体，而是一个对乡村文化充满好奇心的群体，而且随着乡村文化价值与魅力的不断凸显，这个群体也在不断壮大。

3.乡村特色文化产业的地域性

在本书中，笔者多次提到乡村文化的地域性，而正是这种地域性造就了我国乡村文化的多元化。因为乡村特色文化产业对乡村文化资源具有较强的依赖性，这种依赖性使乡村特色文化产业的发展不能跳出地域的限制，因此也必然带有地域性的特点。其实，如同乡村文化一般，正是这种地域性，使不同地域的乡村特色文化产业也各不相同，造就了乡村特色文化产业的多元化。与大同小异的城市文化产业相比，多元化的乡村特色文化产业是其优势所在，对人们的吸引力也更强。

4.乡村特色文化产业的乡土性

根植于乡村的乡村文化，其底色便是乡土色，而源于乡村文化的乡村特色文化产业自然也会带上乡土性。这种乡土性表现为真实性、原生性，相比于城市文化产业通过高科技、高创意发展的文化产业，如广告、动漫、网络游戏等带有虚幻的色彩，基于乡村文化的产品大多保留着其原生性，即便是一些手工艺品，虽然经过了复杂的加工，但仍旧保留着部分原生性，且手工本身就是一种原生的体现。当然，并不是说科技加工的文化产品不如乡村文化产品，原生性与科技修饰性是两者的特色，满足了人们不同的精神文化需求。

（二）乡村特色文化产业发展现状

在乡村文化建设，文化传承的今天，乡村特色文化产业无疑迎来了发展的机遇，并且取得了不错的成果。但由于种种主、客观因素的影响，我国特色乡村文化产业依旧存在一些问题。

1. 集约化程度较低

目前，我国乡村特色文化产业发展已初具规模，但整体而言，产业较为分散，集约化程度较低，无法体现规模化的效益。以能够凸显乡村文化特色的手工业为例，基于手工业发展的乡村特色文化产业虽然很早就出现了，但很多都是以个体单向性的产业为主，没有拓宽产业链，无法实现产业升级。

2. 人才资源相对匮乏

人才是乡村特色文化产业发展的一个要素，作为文化产业发展的核心推动力量，培养大批懂技术、有创意和善于经营管理的各类新型人才对于文化产业快速健康发展的重要性日益凸显。[①] 然而，就我国乡村特色产业发展现状来看，人才缺乏是一个不争的事实，已成为制约我国乡村特色文化产业发展的一大瓶颈。造成这一现状的原因主要有三点：一是乡村与城市存在差距，包括经济、科技等方面的差距；二是乡村不能满足人才对自身发展的需求，导致人才大量的流失；三是政府在人才引进政策的落实上存在滞后性。因此，面对乡村特色文化产业发展缺乏人才的现状，政府和企业都需要完善人才培养和激励机制，加快人才队伍建设，改变人才不足的现状。

3. 乡村文化市场体系仍待完善

文化市场体系是乡村特色文化产业发展的一个重要依托，虽然政府一直重视文化市场体系的建设，但由于乡村特色文化产业发展时间较短，且乡村环境存在一定的特殊性，导致乡村文化市场体系仍然不完善。主要体现在文化服务与文化市场管理两个方面。在文化服务方面，乡村服务人员的整体素质偏低，设施相对简陋，导致很多被服务者得不到一个良好的服务体验。而在文化市场管理方面，乡村文化市场管理标准化、规范化的程度较低，再加上人才缺乏，管理模式比较落后，甚至有些地方仍旧处在放任自流的状态。

二、乡村特色文化产业发展门类

发展乡村特色文化产业是对乡村文化的一种保护性开发，既可以促进乡村经济的发展，又可以推动乡村文化的保护与传承，各地应结合自身乡村文化现状，积极发展乡村特色文化产业。当然，发展乡村特色文化产业有一条必须要

---

① 王杰群. 提升文化创意产业人才的开发 [N]. 光明日报,2014-01-16(014).

遵守的准则，笔者在本书中也多次提到，即不能为了促进经济的发展而破坏性地开发乡村文化，要始终坚持"保护为核心，传承为目的"的原则。就目前乡村文化的类型来看，乡村特色文化产业发展的门类大致可以归纳为乡村文化手工艺和乡村文化旅游业两大类。

（一）乡村文化传统工艺业

传统工艺是指具有历史传承和民族或地域特色、与日常生活联系紧密、主要使用手工劳动制作的工艺及相关产品，是创造性的手工劳动和因材施艺的个性化制作，具有工业化生产不能替代的特征。传统工艺是各族人民在长期的生产生活实践中形成的，其中蕴含着各族人民的思想智慧以及文化价值观念，是乡村文化的重要组成部分。相较于现代工业而言，传统工艺具有低能耗、低污染的特点，因为传统工艺的制作方式以手工为主，原料大多为就地取材，有时甚至直接使用农副产品，所以能耗、污染自然较低，但这也注定了其能效较低。

我国地域辽阔，传统工业的门类同样非常丰富，涵盖了衣、食、住、行各个方面，也深刻影响着人们的生活。2017年，文化部、工业和信息化部、财政部联合制定了《中国传统工艺振兴计划》（以下简称《计划》），其总体要求是"立足中华民族优秀传统文化，学习借鉴人类文明优秀成果，发掘和运用传统工艺所包含的文化元素和工艺理念，丰富传统工艺的题材和产品品种，提升设计与制作水平，提高产品品质，培育中国工匠和知名品牌，使传统工艺在现代生活中得到新的广泛应用，更好满足人民群众消费升级的需要。"该《计划》的推出为乡村传统工艺业的发展提供了契机，各地应该抓住这一契机，积极发展乡村传统工艺，这有助于发挥广大劳动人民的创造性价值，促进乡村就业，提高乡村居民收入，增强乡村发展活力；此外，还有助于盘活乡村传统文化资源，提高社会人士对传统工艺的关注，推动乡村传统工艺的保护与传承。

（二）乡村文化旅游业

随着乡村旅游的蓬勃发展，乡村文化逐渐成为乡村旅游的重要资源，所以推动乡村文化与旅游的结合，也是乡村特色文化产业发展的一个方向。乡村具有丰富的文化资源，这些资源是发展旅游业的优质原材料，尤其对长时间处在城市中的人来说，乡村文化的独特性具有非常大的吸引力。目前，乡村文化旅游主要有两种形式：观光式和体验式。观光式就是单纯地观看乡村文化有关的内容，如参观传统建筑、观看手工艺术品等，这种形式由于不能深入地了解乡村文化，所以缺乏一定的吸引力。体验式就是让游客通过体验的方式感受乡村文化，如亲自体验种田、体验手工艺品的制作、参与到民俗表演中等，这种方式具有较强的参与感，深受游客的喜爱。无论采取哪种形式，乡村文化旅游业的发展都要围绕"乡村文化保护、传播与传承"，开发乡村文化遗存，打造乡村文化旅游产品，发展乡村文化旅游产业。

具体而言，发展乡村文化旅游产业，开发乡村文化时，有如下几点准则是必须要遵守的。第一，保持文化的原真性。乡村文化的原真性包括原生态的景观环境、原汁原味的民俗、本色的生产生活方式等，在开发时，应该处理好人工性与原真性的关系，最大限度地保留乡村文化的原真性。事实上，正是这些原真性凸显着乡村文化的魅力，如果抹杀了这些原真性，无异于南辕北辙。第二，保证特色的鲜明性。我国乡村文化的一个特征就是具有鲜明的地域性，这些地域性造就了乡村文化的多元性。这种文化的多元性是乡村文化旅游发展的一个优势所在，因此在开发时要保证浓郁的地方特色，打造特色鲜明的旅游品牌。第三，注重项目的体验性。乡村文化具有深厚的文化内涵，这些内涵仅仅通过观看很难体会，所以在基于乡村文化旅游项目的开发时应注重其体验性，让游客能够参与到项目中来，从而在体验中加深对乡村文化的认知。

三、乡村特色文化产业发展路径

乡村特色文化产业具有带动乡村经济发展以及推动乡村文化传承的双重价值，所以各地应积极探索乡村特色产业发展的路径。在此，笔者从通用性的角度着手，简要总结几点具体的发展路径。

（一）完善基础设施，提升公共服务

基础设施是发展乡村特色文化产业的基础，没有完善的基础设施作为支撑，乡村文化的发展必然会受到限制。尤其对于乡村旅游业的发展来说，基础设施建设更为重要。在《关于促进乡村旅游可持续发展的指导意见》中也明确指出，要"加快交通干道、重点旅游景区到乡村旅游地的道路交通建设，提升乡村旅游的可进入性。鼓励有条件的旅游城市与游客相对聚集的乡村旅游区间开通乡村旅游公交专线、乡村旅游直通车，方便城市居民和游客到乡村旅游消费。完善农村公路网络布局，加快乡镇、建制村硬化路'畅返不畅'整治，提高农村公路等级标准，鼓励因地制宜发展旅游步道、登山步道、自行车道等慢行系统。……加强乡村旅游供水供电、垃圾污水处理以及停车、环卫、通信等配套设施建设，提升乡村旅游持续发展能力"。自乡村振兴战略提出以来，乡村基础设施建设的进程也在不断加快，并取得了不错的成效。由交通运输部印

发的《农村公路中长期发展纲要》可知，到 2020 年底，具备条件的乡镇和建制村通硬化路、通客车目标全面实现，基本形成了遍布农村、连接城乡的农村公路网络。基础设施的不断完善，为促进乡村旅游的发展提供了助力。当然，基础建设不仅包括道路，还包括网络、公共设施等，这些还有待进一步完善。

此外，在公共服务方面，《关于促进乡村旅游可持续发展的指导意见》中同样指出，要"推动建立乡村旅游咨询服务体系，在有条件、游客数量较大的乡村旅游区建设游客咨询服务中心，进一步完善乡村旅游标识标牌建设，强化解说、信息咨询、安全救援等服务体系建设，完善餐饮住宿、休闲娱乐、户外运动、商品购物、文化展演、民俗体验等配套服务，促进乡村旅游便利化。加快推动乡村旅游信息平台建设，完善网上预订、支付、交流等功能，推动乡村旅游智慧化"。服务作为乡村文化产业的组成部分，良好的服务能够给游客带去良好的旅游体验，并由此对当地的乡村文化产生好感，因此也需要进一步完善乡村的公共服务体系。

（二）因地制宜，突出乡村文化特色

深入开展区域性整体规划和文化论证，突出优势，明确保护与发展并举的指导原则，明确各地、各村资源禀赋，进一步建设"一村一品""一村一业""一村一韵"的特色文化乡村，打造一户一处景、一村一幅画、一镇一天地、一县一风光的乡村文化产业格局。避免简单套用城市相关产业的发展模式、同质化景观开发与复制以及片面追求经济效益破坏乡村文化资源，形成有根基、有特色、有后劲的乡村文化产业格局和机制。

例如，浙江省安吉县山川乡借助其深厚的乡村文化，积极发展乡村文化旅游产业，围绕"民族文化遗产、乡土文化知识、传统农耕文化"，打造了竹马灯、大里双龙、鳌鱼灯、江南威风锣鼓等民间文艺队伍。与此同时，结合各村不同的特色，分别打造了"清灵佛禅"感悟区、"五坊六艺"民俗区、"山民生活"体验区、"安逸隐世"住宿区等。浙江省安吉县山川乡因地制宜，突出其乡村文化特色，成功入选 2020 年浙江省乡村旅游产业聚集区的评选，成为湖州市唯一一个入选的乡村旅游产业聚集区。

（三）丰富产业结构，拓宽产业链

在本书中笔者曾指出，集约化程度低、产业链短是目前乡村特色文化产业发展普遍存在的一个问题，如果不能寻求突破，乡村特色文化产业很难实现升级，其所带来的经济与社会效益将会随着时间的推进而逐渐降低。因此，乡村特色文化产业的发展应不断寻求产业的丰富，并拓宽其产业链。在《关于促进

乡村旅游可持续发展的指导意见》中明确指出，要"对接旅游者观光、休闲、度假、康养、科普、文化体验等多样化需求，促进传统乡村旅游产品升级，加快开发新型乡村旅游产品""依托当地自然和文化资源禀赋发展特色民宿，在文化传承和创意设计上实现提升，完善行业标准、提高服务水平、探索精准营销，避免盲目跟风和低端复制，引进多元投资主体，促进乡村民宿多样化、个性化、专业化发展""鼓励开发具有地方特色的服饰、手工艺品、农副土特产品、旅游纪念品等旅游商品"。

以山东省朱家裕村为例，该村始建于明代洪武年间，历经600余年的历史，其民居、古道、古祠、古泉等全都保存较好，且其聚落景观独特，被誉为"齐鲁第一古村，江北聚落标本"。21世纪初期，朱家裕村的文化资源开始被开发，经过多年的探索与实践，已形成了较为典型的朱家裕村实践模式。朱家裕村在发展乡村文化产业的过程中，没有将产业仅仅停留在手工艺品、旅游观光体验、特产销售等固有的模式，而是同时带动影视、博物馆、民俗等其他产业共同发展，并且随着时代的发展不断增加新的内容，拓宽其产业链，提高其服务水平，产业结构不断丰富和优化，形成了较为完整的产业融合业态。朱家裕村文化产业发展模式对于其他乡村文化产业发展具有非常积极的借鉴意义，但在具体的落实中还需要结合自身实际情况进行调整，毕竟不同的地区其文化存在差异，且文化产业发展本身就是一个动态的过程，这是我们必须要认识到的一点。

第五节　构建乡村文化生态

《乡村振兴战略规划(2018—2022年)》提出深入挖掘农耕文化蕴含的优秀思想观念、人文精神、道德规范；创造性转化、创新性发展，不断赋予时代内涵、丰富表现形式，为增强文化自信提供优质载体。因此，构建乡村文化生态系统的文化设计不能简单地理解为文化设施的建立、文化资源的保护以及文化产业的发展，乡村的规划、建设环节都应该代表着新时代语境下现代文明的发展趋势。构建乡村文化生态应紧密结合特色小镇、建设美丽乡村，深入挖掘乡村特色文化符号，盘活地方和民族特色文化资源，走特色化、差异化发展之路，促进文化资源与现代消费需求有效对接，推动文化、旅游与其他产业深度融合、创新发展。

乡村文化生态是一个复杂的系统，是一个综合体，包含自然、社会、人类、文化、经济等多个方面。构建可持续发展的乡村文化生态要将生活与生产、伦理与教育、道德与法律、民俗与文明相结合，打破乡村和城市的二元对立，形成城乡优势互补和良好的互动关系。具体而言，可以从以下五个方面着重推进。

一、重构乡村主体

重构乡村主体需要内外主体的共同努力，构建新型社群，通过政府以及非政府组织建立多层次文化人才队伍。新型的社群人员包括原住村民和新村民（乡创人员、志愿者等），将现代高效的组织模式融入以血缘为纽带的乡邻关系之中，建立共生社群。应创新用人机制，在机构编制、职称职级、福利待遇等方面向基层文化人员倾斜。应利用公益组织、社群组织建立相关的乡创人才基地，吸引志愿者、青年驻村参与建设。重视培育提升农民文明素质和专业技能，形成良性自我发展机制。

二、发展乡村特色产业

现代乡村的发展是实现城乡融合发展，让各类生产要素与农村的土地、生态、景观、文化等资源有效结合进而形成产业。其中，农业是乡村产业第一发展要务，在农业第一产业的基础上再适当发展第三产业，尤其要做好农业、旅游业、文创业的统筹发展。建设和发挥好互联网文化平台作用，开发和建设"一站式"且"互联互通"的文化资源集成云服务平台，加速云计算、物联网等先进技术在农村文化服务领域的转化和应用，开展"菜单式""订单式"文化信息服务。

三、保护与传承乡村物质文化遗产以及非物质文化遗产

一方面，要促进传统文化与现代文化的融合发展，促进城乡之间的文化交流；另一方面，要保护与传承乡村物质文化遗产以及非物质文化遗产。物质文化遗产主要是优先保护好历史文化建筑，非物质文化遗产主要是保护和激励传承人。我国非物质文化遗产传承人主要集中在手工技艺、表演艺术、口头文学等领域，这对乡村的文化生态系统有着重要意义。

四、重新构建乡村特色教育

在教学理念上，要加强乡土文化的教学和研究，打破城乡统一的考试评价标准，增加实践内容板块。在教育对象上，要对学生加强具有乡村特质的品质教育，同时培养开放意识、合作意识以及创新精神等现代文明素质，培养一批懂乡村、爱乡村、造乡村的优秀人才。在教育实施上，要培育教师的乡土情怀，切实解决教师待遇问题，突出乡村教师在乡村建设中的重要力量，建设一支稳定、高素质、充满乡土情怀并致力于农村教育事业的教师队伍。

五、重塑乡村文化空间

重塑现代乡村文化空间，要重新通过空间、材料和当地社区，寻求乡村文化空间与乡土文化的联系，着重加强村落的传统格局和历史风貌的保护性利用。在居住空间方面，需要考虑现代生活方便，但更要遵循保护村落整体风貌，保留建筑格局、外观的旧有形式，内部条件现代化，使民居建筑所蕴含的文化意义得到传承。在公共空间方面，中国乡村最普遍和最重要的空间和场域主要是祠堂、礼堂和图书馆，这些应在新农村规划建设中作为重要元素统筹考虑。

此外，乡村文化生态系统的构建涉及多个方面，在推进实施的过程中还需要处理好三组核心关系：一是外来文化与乡村文化的关系。要坚持村落文化的本原性与主体传承性，避免外来文化对乡村文化原生态的破坏。二是社会资本与原住民利益分配的关系。要规范化协调好外部社会投资力量与原住民的利益冲突，注意协同合作、资源使用、收入分配等问题。三是当前发展与可持续发展的关系。要注意乡村自然生态环境的保护，搞好规划与监管，避免可能造成乡村环境恶化的各种因素。

第四章　乡村旅游与旅游产业

第一节　乡村旅游的概念与类型

一、乡村旅游的概念

（一）乡村旅游概念辨析

1.国际乡村旅游概念辨析

在国外，用以表示乡村旅游的词汇有 rural tourism（乡村旅游）、farm tourism（农场旅游）、ecotourism（生态旅游）、agri-tourism（农业旅游）等。从不同的关于旅游的词汇中，可以看出其中的区别，如 farm tourism（农场旅游），将旅游的场所界定在农场范畴内。笔者通过查阅相关文献资料发现，乡村旅游不仅在用词上不同，不同学者和组织对乡村旅游的解读也不同。比如，世界经济合作与发展组织和欧盟将乡村旅游定义为发生在乡村的旅游活动，乡村性是乡村旅游整体推销的核心和独特卖点。Bernard Lane 认为，乡村旅游是在乡村地区进行的旅游活动，且在不同的国家和地区具有不同的表现形式，它具有位于乡村地区，旅游活动具有乡村性、小规模化，社会结构和文化具有传统特征以及类型变化多样五个特征。[①]芬兰乡村发展委员会认为，乡村旅游是全面开发乡村资源，创造能够出口产品的途径和工具，通过量和质两个方面增

---

① 王斌斌.全域旅游背景下乡村旅游和乡村物流联动发展探析[J].现代营销（下旬刊）,2019(4):106-107.

加努力，乡村旅游可以被建设成为乡村就业和收入的基本源泉。[①]

虽然国外不同学者与组织对乡村旅游的定义不同，但通过梳理其概念，我们也可以发现其中存在的一些共通点。

一是对乡村旅游发生地域的界定。很多学者和组织在对乡村旅游概念的阐述中都提到了乡村旅游发生的地域，即乡村。虽然有些学者将地域界定为非城市区域，但综合来看，这说明了乡村旅游的地域性。

二是对乡村旅游活动属性的界定。乡村旅游的属性是乡村性，这是区别于其他旅游形式的重要依据。乡村性的确定是建立在乡村与城市社会学理论之上的，表明了乡村旅游具有乡村地域性的特点，它既包括传统的乡村游玩项目，又包括具有教育意义的民俗活动。

三是指出了乡村旅游的价值。通过开展乡村旅游，不仅能够促进乡村经济的发展，使村民从中受益，还有助于乡村环境的改善，进而推动乡村的建设与发展。

综上所述，国外对乡村旅游概念的定义是依据乡村发展实际，而不是采用系统归纳的方法，这一点值得我们借鉴。当然，由于国外与我国的国情不同，所以无论在概念上，还是在方法上，都不能不结合自身实际情况地"拿来"，要从我国国情以及乡村发展实际出发，对乡村旅游的概念进行定义。

2. 国内乡村旅游概念辨析

在国内，笔者通过查阅文献资料发现，国内不同学者对乡村旅游概念的界定也存在差异。比如，舒科认为，乡村旅游是指在非城市的土地空间之上，依托农业生产生活及其他关联要素，在其基础上进行各类产品的物化表达与体验构建，进而形成对游客产生吸引价值的产业类型，并具备产生相应社会价值可能的旅游类型，其形成和体现具有相应的时代性、社会性及产业关联性。[②]李静轩等人认为，乡村旅游以农民家庭为基本的接待和经营单位，以自然生态环境、现代农业文明、浓郁民俗风情、淳朴乡土文化为载体，以利用农村的环境资源、农民生活劳动为特色，以营利为目的，集餐饮、住宿、游览、参与、体验、娱乐、购物等于一身，舒适惬意，陶冶性情，这是一种综合性休闲度假旅游活动方式，是一种由传统的观光旅游向休闲旅游过渡的新的旅游形态。[③]耿松涛等人认为，乡村旅游是指在乡村地区，以具有乡村特性的自然和人文吸引

①　罗颖.乡村旅游的本底属性研究[J].四川省干部函授学院学报,2010(4):43-46.
②　舒科.明日田园——以旅游推进乡村振兴的探索与实践[M].成都：四川人民出版社,2018：9.
③　李静轩,李屹兰.乡村旅游开发与经营[M].北京：中国农业科学技术出版社,2010：3.

物为凭借，为满足旅游者需求而从事的一切旅游活动及由此产生的各种关系的总和。[①]

综合国内学者对乡村旅游的定义，我们同样可以从不同的阐述中发现一些共通点。

一是强调乡村旅游发生的地域，即乡村，这一点与国外学者的观点相同，他们都将空间作为概念定义的一个重要前提条件。

二是指出了乡村旅游所依托的资源。乡村旅游资源是乡村旅游得以发展的支撑，也是吸引游客的重要资本。我国乡村资源丰富多样，包括自然资源、田园风光、民俗风情、生产生活资源、建筑资源等。

三是指出了乡村旅游的活动形式。乡村旅游是发生在乡村的旅游活动的总和，其活动形式包括观光、休闲、餐饮、体验、娱乐、购物等。

综上所述，国内对乡村旅游概念的定义主要从地域、资源、活动三个方面着手，且各个方面涵盖的范围较为广泛，这与我国地域辽阔、乡村资源的丰富有关。

（二）乡村旅游概念界定

通过比较和分析国内外对乡村旅游概念的定义，笔者认为乡村旅游可以从狭义与广义两个角度进行阐述。从狭义的角度看，并非发生在乡村地区的旅游便是乡村旅游，还需要与乡村的资源环境、生活环境等融合，才能称之为乡村旅游。简单来说，乡村旅游必须强调乡村性，这一定义在国外学者的阐述中较为常见。而从广义的角度看，随着乡村旅游范畴的不断扩展，乡村旅游已不仅局限于乡村性的活动，更多的是在乡村环境的各种非城市的旅游体验。在笔者看来，广义的乡村旅游的定义更加符合时代发展的特征与需求，所以在本书的论述中，除特殊说明外，笔者对乡村旅游展开的论述均是在广义概念的范围内。

为了进一步把握广义角度下乡村旅游的概念，我们还需要认识到乡村旅游所具有的以下属性。

1. 空间属性

从地理的概念出发，乡村旅游的活动区域是乡村，这可以看作是一种空间上的概念，这个空间与城市是相对的，同时与城市的空间也存在互补性。

---

① 耿松涛，宋蒙蒙.产业融合背景下的旅游创新业态发展研究 [M].北京：知识产权出版社，2018：76.

2.资源属性

资源是旅游活动开展的重要支撑，没有旅游资源，自然难以开发旅游产品，也难以发展旅游产业。乡村旅游资源是指存在于乡村的资源，如乡村的服饰文化、乡村民俗文化、乡村传统建筑、乡村农业相关景观等，正是因为这些资源的存在，使乡村旅游越来越受到人们的喜爱。

3.产品属性

乡村旅游产品是指基于乡村旅游资源开发的旅游产品，这些旅游产品既可以是物质的，如文创产品，又可以是非物质的，如乡村民俗体验活动。

（三）乡村旅游相关概念梳理

由于所依托的乡村旅游资源以及所开发的产品存在交叉重合，人们很容易将乡村旅游与民俗旅游、农业旅游、生态旅游等概念混淆。因此，为了更好地把握乡村旅游的概念，笔者将针对乡村旅游的相关概念以及两者的关系进行梳理。

1.乡村旅游与民俗旅游

民俗旅游是指以体验民俗文化为主要活动内容的一种旅游形式。民俗文化是一个地区、一个民族在长时间发展过程中形成的文化现象，蕴含着丰富的社会内容，同时具有民族特色与地方特色。关于民俗旅游的方式，陶思炎教授在"略论民俗旅游"一文中指出：从民俗旅游涉及的民俗范畴、民俗生活的空间、民俗旅游的产品性质以及民俗旅游产品的服务功能四方面进行划分，其中根据民俗生活的空间，民俗旅游可做市井民俗游、水乡民俗游、山村民俗游、渔村民俗游等划分。[①]由此可见，民俗旅游不仅可以在乡村中展开，还可以在城镇中展开。例如，北京民族公园集中体现了我国的民族民俗文化、云南民族文化村集中体现了云南少数民族的民俗文化，这些地方可以让游客在短时间内了解大量有关民俗文化的内容，但其缺点是在复制加工的过程中可能会损失原有民俗文化的内涵。因此，乡村旅游与民俗旅游的关系并不是包含与被包含的关系，而是两者包含有共同的部分。

2.乡村旅游与农业旅游

农业旅游是把农业与旅游业结合在一起，利用农业景观和农村空间吸引游客前来参观的一种新型农业经营形态，即以农、林、牧、副、渔等广泛的农业资源为基础开发旅游产品，并为游客提供特色服务的旅游业的统称。农业是乡

---

① 陶思炎.略论民俗旅游 [J].旅游学刊,1997(2):36-38, 62.

村的主要产业之一，乡村旅游资源的开发自然离不开农业，游客可以在真实的农业环境中体验农业生产，可以购买当地的特色农产品。然而，农业旅游并不能囊括乡村旅游的全部，乡村旅游所包含的内容以及涉及的领域显然更加广泛。因此，乡村旅游与农业旅游的关系是包含与被包含的关系，农业旅游只是乡村旅游的一个类型。

3. 乡村旅游与生态旅游

生态旅游一词最早出现在世界自然保护联盟（IUCN），于1983年提出，其理念是可持续发展，即旅游活动开展要以保护生态环境为前提。旅游在促进经济发展、满足大众精神需求等方面发挥了重要的作用，尤其在生活节奏不断加快的今天，旅游的意义愈加凸显。然而，随着旅游业的发展，一些生态环境问题也随之而来，所以发展生态旅游具有非常重要的意义。由此可见，生态旅游与乡村旅游属于两个完全不同的概念，但生态旅游的理念对乡村旅游具有积极的指导意义，即乡村旅游的发展要以保护生态环境为基础，走可持续发展路线。

二、乡村旅游的类型

依据不同的分类依据，乡村旅游的类型划分也存在区别。具体而言，乡村旅游在类型划分上有如下两种。

（一）依据旅游者需求分类

依据旅游者需求进行分类可分为乡村观光型旅游、乡村休闲度假型旅游、生活体验型旅游、购物型旅游和复合型旅游。

1. 观光型旅游

观光型游客以观赏乡村自然风景、乡村田园生态、乡村人文景观、乡村民俗风情等为主要目的。游客对乡村景观充满了好奇与向往，他们希望通过观光游览了解乡村的景观，满足自己的好奇心，同时陶冶自己的情操。

2. 乡村休闲度假型旅游

乡村休闲度假型旅游的游客以休闲度假为主要目的。如今，城镇生活的节奏越来越快，越来越多的人想着逃离城镇，去寻求心灵的宁静，而旅游无疑是逃离城镇、陶冶情操的一个有效途径。相较于城镇旅游以及一些著名的景点，乡村的环境无疑更能满足他们的精神需求，所以乡村成了他们休闲度假的首要选择。

3. 生活体验型旅游

生活体验型旅游的游客以体验乡村生活为主要目的。对乡村生活的体验包括农业生产体验、手工艺制作体验、民俗风情体验等。相较于观光型旅游而言，生活体验型旅游能够让游客更深入地了解乡村，也能够带给他们更多的新鲜感与刺激。

4. 购物型旅游

购物型旅游的游客以购买旅游产品为主要目的，包括购买传统手工艺品、当地特色、文创产品等。旅游产品兼具实用性、纪念性和文化性等特征，虽然其价格比一般商品稍高，但对于游客而言却具有非同寻常的意义。

5. 复合型旅游

复合型旅游的游客往往并没有某项专门的目的，他们往往集观光、休闲度假、生活体验、购物等为一体。另外，也有些游客只是单纯喜欢旅游，在旅游的过程中，或购物，或体验乡村生活，或观光游览乡村景观，没有明确的目的，也没有局限。

（二）依据乡村旅游的资源分类

依据乡村旅游的资源分类可分为村落民居旅游、民俗风情旅游、田园生态旅游和乡村自然风光旅游。

1. 村落民居旅游

对于保存比较完整的古村落，可以通过开发古村落以及民居建筑发展乡村旅游产业。例如，安徽省黟县西递、宏村两处古村落，分别建于北宋和南宋时期，距今已经有近千年的历史。西递、宏村的村落选址、布局和建筑形态，都以周易风水理论为依据，体现了"天人合一"的中国传统哲学思想和对大自然的向往与尊重，而那些典雅的明、清民居建筑群与大自然紧密相融，创造出一个既合乎科学，又富有情趣的生活居住环境，是中国传统古村落的精髓。西递、宏村被列入《世界遗产名录》，是村落民居旅游模式中的典型，更是徽派民居中的一颗明珠，被誉为"画中的村庄"。

2. 民俗文化旅游

民俗文化旅游是指以体验民俗文化为主要活动内容的一种旅游形式。民俗文化包含的内容很多，有物质民俗，如饮食、服饰、生产生活工具等；社会礼仪民俗，如婚嫁、丧葬等；信仰民俗，如宗教信仰活动、民间崇拜、民间禁忌等；节气节日民俗，如传统节日、二十四节气等；游艺民俗，如民间体育、民间艺术等。上面所述的民俗文化都可以作为民俗文化旅游的资源。

3.田园生态旅游

田园生态旅游是指以田园生态环境作为旅游资源的一种旅游形式。对于城镇居民而言，乡村田园是陌生的，也是具有吸引力的，尤其在生活节奏不断加快的今天，越来越多的城镇居民渴望体验乡村慢节奏的生活，感受田园生态风光。显然，田园生态旅游满足了城镇居民的这一精神需求。目前，田园生态旅游主要有两种形式：一种是观光式旅游，即游客仅仅游览乡村田园的生态环境；另一种是体验式旅游，即游客除了游览参观之外，还会参与到农事活动中，体验农耕文化以及乡土气息。

4.乡村自然风光旅游

乡村自然风光旅游是以乡村自然风光为旅游资源的一种旅游形式。自然风光是大自然赐予人类的礼物，观赏自然风光能够满足人们回归大自然的精神需求，也能够在与大自然的密切接触中感受到人与自然和谐相处的重要性。乡村自然风光包括自然地质、风景水体和风景气象等。自然地质包括典型的地质构造、冰川活动轨迹、岩溶地貌等；风景水体旅游包括江、河、湖、瀑布、泉水等；风景气象包括冰雪景、雾凇、日出日落等。

第二节　乡村旅游的特点与功能

一、乡村旅游的特点

（一）乡村性与自然性

乡村性是乡村旅游的核心吸引力，也是其核心特征所在。在乡村长期发展的过程中，乡村独特的生产生活方式造就了不同于城市的特色文化，如饮食文化、民俗文化、民居建筑等，这些资源极具乡村性，对长期生活在城镇中的人来说，这些以乡村文化为载体的旅游资源无疑具有非常强的吸引力。另外，乡村独特的自然条件也造就了独特的自然资源，这些自然资源向人们展现了大自然的神奇，对向往自然、渴望亲近自然的人来说，无疑也是极具吸引力的。其实，对长期生活在城镇中的人来说，由于每天面对繁重的工作与紧张而重复的劳动，让他们对乡村生活和环境愈加向往，所以无论是乡村的乡土资源，还是自然资源都是极具吸引力的。的确，无论是美丽旖旎的自然风光，还是各地独具特色的民俗风情，抑或是那味道迥异的美食佳肴，都是城市所不具备的，也都能够满足游客的精神需求，并为他们带去返璞归真的机会。

（二）参与性

与城市旅游偏向于参观、陈列不同，乡村旅游更注重游客的参与性，这也是乡村旅游吸引游客的一个原因所在。事实上，乡村旅游资源的特殊性决定了乡村旅游必然要走参与型的旅游方式，因为无论是乡村文化，还是田园生态环境，只有在参与体验的过程中，才能让游客有更深入的认知，从而提升游客乡村旅游的体验感。比如，对于当地的一些民俗活动，游客可以穿上当地的特色服装，参与到人群中，和当地的居民一起欢庆。再如，在游览乡村田园风光的过程中，可以参与到农事劳动中，如参与采茶、炒茶、泡茶的全过程，体验茶叶种植有关的劳作，感受中国茶文化的博大精深，并在这个过程中回归自然，享受农事劳动所带来的乐趣。

（三）差异性

乡村旅游的差异性体验在地域、民族和季节三个方面。首先，就地域来说，我国幅员辽阔，不同地域的气候、地貌地形有着很大的差异，这自然会造就不同的农业生产方式以及不同的乡村文化，所以不同地域之间，乡村旅游自然存在一定的差异性。其次，就民族而言，我国是一个多民族融合的国家，不同的民族有着不同的民俗，而不同的民俗自然会造就不同的乡村文化，所以不同民族的乡村旅游也同样存在差异性。最后，就季节而言，季节的更替会导致光、水、热等自然条件的改变，而农业生产在很大程度上依赖于季节，所以使以农业为主要旅游资源的乡村旅游（尤其是观光农业）也带有很强的季节性。事实上，正是由于乡村旅游的差异性，才使我国乡村旅游呈现出百花齐放的态势，这不仅刺激了游客的旅游热情，还在地理空间上分散了游客环境容量，缓解了旅游中常出现的拥挤和杂乱，为游客带去了较好的旅游体验。

二、乡村旅游的功能

（一）经济功能

在乡村长期的发展过程中，始终以第一产业——农业，作为主要的经济来源。中华人民共和国成立之后，工业开始逐渐发展，乡村在兼顾农业的基础上，也开始发展第二产业——工业，并成为促进乡村经济发展的一个重要产业。旅游属于第三产业——服务业，乡村旅游的发展再次拓展了乡村的产业链，并成为促进乡村经济发展的又一动力。具体而言，乡村旅游的经济功能主要体现在如下几个方面。

第一，乡村旅游带动了农民收入的提高。乡村旅游吸引了大批游客到乡村游玩、参观，而作为集食、住、游、购为一体的一种旅游模式，游客自然会在食、住、游、购等方面进行消费，从而使乡村旅游的经营主体——农民，从中获得收益。

第二，乡村旅游活跃了乡村市场中更多的剩余劳动力。旅游属于劳动密集型产业，对劳动力的需求量较大，而很多乡村中存有大量的剩余劳动力，乡村旅游的发展无疑为充分开发这些剩余劳动力提供了良好的条件。当然，因为乡村剩余劳动力大多文化程度较低，所以也不可避免地带来了乡村旅游服务方面的问题，但随着乡村旅游市场的逐渐完善，这些问题也一定会在一系列的措施中得到解决。

第三，乡村旅游带动了当地旅游商品市场的发展。乡村旅游可以促进当地特色文化的传播，扩大当地特色文化的影响力，从而使当地的旅游商品在全国的旅游商品市场中占有一席之地。而当地旅游商品市场的发展可以促进当地开发者对旅游商品的深度开发，提升旅游商品的文化价值，进而形成一定的旅游商品产业规模，这对当地的经济发展无疑是非常有意义的。

（二）社会功能

乡村旅游的社会功能可以从微观和宏观两个角度去阐述。微观角度是指在乡村社会环境中，乡村旅游的发展能够加速乡村社会结构的改变。在本书中，笔者针对乡村的社会结构做过多次论述，也指出在现代文化的冲击下，乡村原有的社会结构已经发生改变，而乡村旅游的出现，使乡村与外界的交流更加频繁，这无疑会进一步加速乡村原有社会结构的改变。面对乡村社会结构的改变，我们不能简单地用对与错这种二元论的观点看待，因为时代在不断发展，乡村社会结构必然会改变，无论快慢，我们无法改变，也无须改变，需要做的是在继承中创新，在继承中发展。宏观角度则是指包括城乡在内的大社会，乡村旅游为城市与乡村的交流搭建了一个通道，拉近了城乡之间的距离。对于长期生活在城镇中的人来说，乡村的很多东西都是陌生的，他们不了解乡村的文化、不了解乡村的生活，而乡村旅游为他们提供了一个了解乡村的渠道，他们通过游览乡村景观，体验乡村生活，加深了对乡村的认知，这对于促进城乡的融合发展具有非常积极的意义。此外，城乡二元结构作为城乡发展中的一个矛盾，导致这一矛盾的一个重要原因就是经济的发展，而乡村旅游能够促进乡村经济的发展，这对于缩短城乡差距，缓解城乡二元结构也同样具有重要意义。

（三）文化功能

乡村旅游的文化功能体现在对乡村文化的保护与继承上。在本书中，笔者就乡村文化及乡村文化的继承做了详细的分析，其中提到了保护性开发，即通过开发的方式促进乡村文化的保护与传承。显然，乡村旅游是一种乡村文化的开发方式。乡村文化是乡村旅游的重要旅游资源之一，通过开发乡村文化，不仅有助于打造当地的旅游特色以及特色文化产品，还可以借助旅游这一渠道将乡村文化向社会传播出去，进而引起社会大众的关注。

在现代社会发展的进程中，国家为了保护和传承包括乡村文化在内的诸多优秀传统文化，先后出台了诸多政策，并在经济上给予了大力的支持。但是，由于我国乡村文化的种类与内容非常之多，国家很难在短时间内兼顾每一种文化。而在现代社会发展进程中，社会结构在不断发生改变，某些乡村文化也在逐渐失去其原本的价值，当国家无法兼顾这些乡村文化的时候，很可能会导致这些文化的衰落。而通过将其开发成旅游产品，能够再次激活其价值，并使更多的人认识它、了解它，从文化的保护与传承的角度来讲，这种开发无疑是具有价值的。

（四）休闲功能

旅游具有休闲娱乐的功能，尤其近些年来，随着城市化进程的加快，生活与工作节奏越来越快，城市居民渴望回归自然，到乡村去体验青山绿水。乡村休闲旅游的项目主要包括生态环境、田园生活、乡村文化等旅游要素，不同乡村旅游休闲项目具有不同的价值，为开发利用好乡村旅游资源，促进乡村旅游带动乡村农业发展、增效和增收，应当采取相应的开发方式。就乡村观光类休闲项目来说，视觉体验是首要的。视觉是人体重要的感官，人体通过视觉获得外界80%的信息，乡村景观是休闲农业基本的要素。因此，通过视觉体验乡村之美必然是乡村休闲旅游基本的构成要素。

当然，乡村旅游最大的吸引点在于体验，通过游客的亲身体验，不仅能够加深对乡村的了解，还能够在沉浸式的体验中获得精神与心灵上的慰藉。比如，近年迅速兴起的新型休闲业态——采摘园，通过游客的参与、趣味性的游戏、增强乡村旅游的娱乐性，因而受到旅游者的青睐，目前已经成为现代休闲乡村旅游的一大特色。此外，还可以建设一些供游客娱乐的活动空间与传统民俗项目，让游客在休闲娱乐的同时，深切感受当地的民俗文化，使旅游从简单的感知旅游向深度旅游发展。

第三节　旅游产业阐述

一、旅游产业的概念与内涵

对于旅游业和学术界来说，旅游产业是一个耳熟能详的概念，但笔者通过翻阅文献资料发现，目前对旅游产业概念的定义并没有一个统一的标准，不同的学者针对旅游产业概念及其内涵的描述存在一定的差异。在此，笔者从中选取了几种观点，并对其进行简要的分析和总结。

杨振之等人从产业供给的角度出发，认为旅游产业是旅游业生产六要素：吃（旅游餐饮业）、住（旅游宾馆业）、行（旅游交通业）、游（旅游景观业）、购（旅游商品业）、娱（旅游娱乐业）为核心，以旅行社为产业龙头，由一系列行业部门组成的社会、经济、文化、环境的整合产业，是一个开放的复杂系统。[①]赵书虹从广义与狭义两个角度着手，指出狭义的旅游产业是指那些提供核心旅游产品以满足旅游者旅游需求的旅游企业的集合，广义的旅游产业还包括提供各种追加价值的相关产业；与此同时，如果旅游产业在某个地理空间发展，还必须依赖当地的其他公共设施和服务机构。[②]王德刚则指出，旅游产业是以满足旅游者在旅行活动中的食、住、行、游、购、娱等需要为宗旨，向旅游者提供全方位旅游服务的综合性产业。其范围涵盖了与旅游活动相关的国民经济的许多产业、部门，其中既包括支撑旅游业生存和发展的基本行业，如旅游景区、旅游饭店、旅行社、旅游交通等，又涉及诸多与之相关的产业、部门、机构和团体。[③]

通过引述上述几位学者对旅游产业概念的阐述不难发现，旅游产业涵盖的范围非常广泛，是一个复杂的系统，这也是不同学者针对旅游产业阐述存在差异的一个原因。另外，随着社会时代的不断发展，旅游的形式和内容在不断扩

---

① 杨振之,陈谨.论我国旅游业产业结构的优化调整[J].云南民族学院学报（哲学社会科学版）,2002(5):30-34.

② 赵书虹.试论旅游产业的形态、结构、集群特征和比较优势[J].思想战线,2010,36(2):128-132.

③ 王德刚.旅游规划与开发[M].北京：中国旅游出版社,2017：4.

展，这使旅游产业的内涵也在不断丰富，具体表现在如下几个方面。

第一，旅游产业自身结构不断趋于复杂。从上述学者对旅游产业的阐述中可知，旅游产业涵盖食、住、行、游、购、娱六大方面，而这六大方面在社会发展的进程中也在不断日新月异，这使本就结构复杂的旅游产业变得更加复杂。

第二，旅游产业的跨产业性、跨行业性愈加明显。旅游产业本身便涉及诸多产业与行业，而在"互联网＋"理念的影响下，"旅游＋"的理念也开始出现，这使旅游与越来越多的产业、行业关联起来，并逐渐形成了综合性的产业体系与产业链条。

第三，国内旅游产业与国外旅游产业的关联性越来越强。旅游产业的发展不仅要面向国内，还要面向国外，所以国内旅游产业必然会与国外旅游产业产生交集，并相互影响。同样，站在国外的角度，中国作为一个重要的战略合作伙伴，他们的旅游产业发展也自然会向中国延伸。因此，在国内外旅游产业双向发展的大环境下，国内旅游产业与国外旅游产业的关联性只会越来越强，相互之间的影响也会逐渐加强。

二、旅游产业的特征

（一）旅游产业性质的双重性

旅游产业性质的双重性体现在它同时具备经济性与文化性的双重属性。首先，就经济性来说，旅游是社会经济发展到一定阶段的产物，旅游业的产生本身就是建立在一定的经济水平之上的，所以旅游产业自带经济属性。另外，旅游产业作为一种产业形式，能够带动经济的增长，尤其在人们愈加重视精神追求的今天，旅游受到越来越多人的喜爱，其所表现出的经济属性以及其经济前景都是非常可观的。其次，就其文化性来说，旅游属于一种文化消费，虽然旅游消费的构成中离不开物质资料，但精神性、文化性的资料才是旅游中最主要的部分。的确，游客通过付出一定的时间与金钱，其目的在于获得文化享受，满足高层次的精神需求。比如，游览名山大川、体验乡村民俗、了解文物古迹等，都是为了从中获得精神上的享受。因此，旅游产业既属于经济产业，又属于文化事业，它对社会经济的发展以及文化的发展都具有一定的推动作用。

（二）旅游产品种类的丰富性

通过之前对旅游产业概念的阐述可知，旅游产业涵盖的范围非常广泛，这就决定了旅游产品的丰富性。的确，以目前旅游市场来看，旅游产品的类型可谓非常丰富，内容涉及广泛，而且依据不同的分类标准，划分出的旅游产业类型也不同（图4-1）。

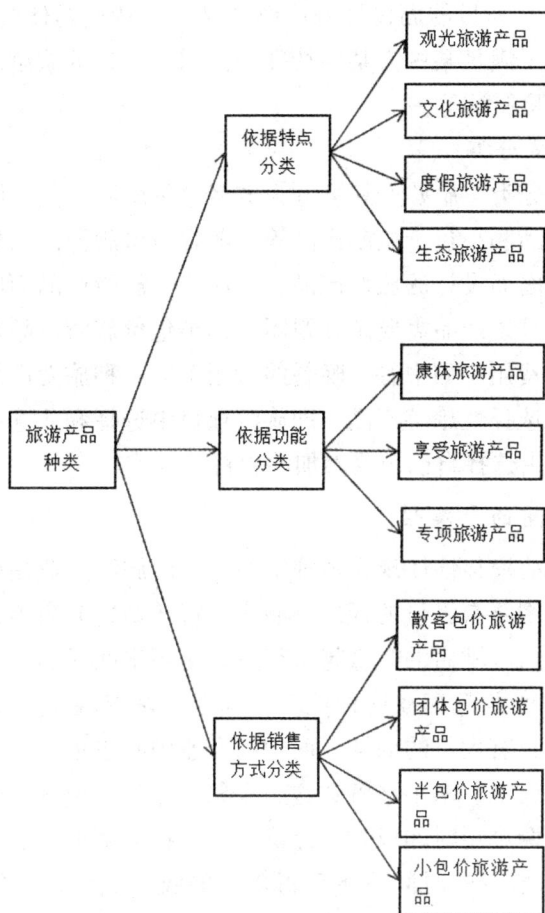

图 4-1　旅游产品的种类

1. 依据特点分类

依据特点分类，旅游产品可分为观光旅游产品、文化旅游产品、度假旅游产品和生态旅游产品。观光旅游产品是以观赏、游览名胜古迹、自然风光为目的而设计的旅游产品；文化旅游产品是以参观、学习其他地域文化为目的而设计的旅游产品；度假旅游产品是以休闲度假以及购物消遣为目的而设计的旅游产品；生态旅游产品是以宣传生态保护为目的而设计的旅游产品。

2. 依据功能分类

依据功能分类，旅游产品可分为康体旅游产品、享受旅游产品和专项旅游产品。康体旅游产品是以保健、疗养为目的而设计的旅游产品；享受旅游产品是以追求极致的享受为目的而设计的旅游产品，其特点是体验好，价格昂贵；专项旅游产品是为了满足某些人某些特殊的需求而设计的旅游产品，如考古旅游、修学旅游、探险旅游等。

3. 依据销售方式分类

依据销售方式分类，旅游产品可分为散客包价旅游产品、团体包价旅游产品、半包价旅游产品和小包价旅游产品等。散客包价旅游产品是针对不参加旅游团体的个人或家庭而设计的旅游产品；团体包价旅游产品面向的群体也是个人和家庭，不同的是该产品需要游客跟团游；半包价旅游产品是一种在全包价的基础上去掉一些费用（如中餐、晚餐的费用）的一种旅游产品形式；小包价旅游产品也被称为选择性旅游产品，即旅游项目由选择和非选择两种组成，游客可在选择项中自由选择自己想要参加的项目。

（三）产业空间的聚集性

旅游产业空间的聚集性体现在地理空间上，即旅游产业往往以某个旅游景点为中心，其外部围绕有大量的饭店、酒店、特产销售商店等，且随着地理空间距离的外延，饭店、酒店的数量越来越少，呈现出明显的"核心—边缘"特征。事实上，很多产业都存在这种地理空间上的聚集性，如城市中的商业中心，其四周往往分布有大量的商铺，而距离商业中心越远，商铺的数量也就越少。我们可以用"成本"两个字解释这一现象，作为某个景点旅游的游客，其付出的成本主要有两个：时间成本与经济成本，在经济可以承受的范围内，游客往往会选择付出最少的时间成本获得最大的收益，所以在住宿、饮食、购物等方面，当经济成本在游客可接受范围时，游客自然会选择更靠近景点的商铺，从而减少时间成本的支出。由此可见，距离景点越远的商铺能够获得的游客流量越少，当游客流量带来的收益不足以支撑店铺运营成本时，也就意味着到了"边缘"化，再向外延伸将很少能够再看到以景点为依托的商铺。

（四）产业关系的关联性

从严格意义上来讲，旅游产业属于第三产业，但旅游产业与众多产业具有紧密的联系，其所提供的服务涉及第一、第二、第三产业，所以旅游产业属于综合性的产业。的确，旅游产业本身作为服务业，属于第三产业，但它与第一产业中的农、林、牧、渔以及第二产业的工业、建筑业等都有联系，甚至与第三产业的通信、保险、金融等也都有密不可分的联系。

目前，就现代产业发展的趋势来看，产业融合是一种必然。产业融合是指在时间上先后产生、结构上处于不同层次的农业、工业、服务业、信息业、知识业在同一个产业、产业链、产业网中相互渗透、相互包含、融合发展的产业形态与经济增长方式，是用无形渗透有形、高端统御低端、先进提升落后、纵向带动横向，使低端产业成为高端产业的组成部分，实现产业升级的知识运营增长方式、发展模式与企业经营模式。作为综合性的产业，我们应充分利用该产业与其他产业的关联性，并进一步加深这种关联性，这不仅有助于促进旅游产业的发展，还对其他产业的发展同样具有非常积极的意义。

三、旅游产业的功能

（一）促进经济的发展

随着人们生活水平的不断提高，以及人们旅游热情的愈加高涨，旅游产业已经成为促进我国经济发展的一个重要动力。具体而言，旅游产业在促进经济发展中的作用主要表现在拉动内需、带动就业、带动相关产业发展。其实，早在 2015 年国务院印发的《关于促进旅游业改革发展的若干意见》中便指出了旅游业的重要性：旅游业是现代服务业的重要组成部分，带动作用大。加快旅游业改革发展，是适应人民群众消费升级和产业结构调整的必然要求，对于扩就业、增收入，推动中西部发展和贫困地区脱贫致富，促进经济平稳增长和生态环境改善意义重大，对提高人民生活质量、培育和践行社会主义核心价值观也具有重要作用。

的确，从 2012—2019 年我国旅游业的收入增长情况可以明显看出，全国旅游业的收入始终保持平稳增长的态势，其中 2014 年的增长率最高，为 26.4%。各年收入总额如表 4-1 所示。

表 4-1　2012—2019 年中国旅游业收入总额

年　份	收入总额 / 亿元
2012 年	2.59
2013 年	2.95
2014 年	3.73

续 表

年　份	收入总额 / 亿元
2015 年	4.13
2016 年	4.69
2017 年	5.40
2018 年	5.99
2019 年	6.63

注：上表数据来源于中华人民共和国文化和旅游部。

（二）带动其他产业发展

作为一个综合性的产业，旅游产业与其他产业的联系非常紧密，旅游产业的发展必然会带动其他产业的发展。旅游产业的本质是服务，其服务围绕旅游资源展开，辐射到食、住、行、游、购、娱等六个方面，而这六个方面涵盖了诸多行业，包括农业、食品加工业、制造业、餐饮业、交通通信业等，这些行业必然会受到旅游业带来的红利从而实现其发展。以乡村农业为例，农业作为乡村的产业支柱，是包括种植业、林业、畜牧业、渔业、副业在内的一种产业形式，其经济收益往往是通过出售农业相关产品实现。随着乡村旅游的发展，农业开始和旅游业相结合，即以农业作为一种旅游资源，通过开发农业资源吸引城镇居民。事实证明，通过旅游业带动农业，拓宽了农业产业链，并且也带来了良好的收益。以安徽省为例，安徽作为农业大省，以蔬菜、茶叶、中药材、蚕桑等特色农业资源为依托，积极发展农业旅游，建设了一批颇具特色的农业旅游产业聚集区。目前，比较有代表性的农业产业聚集区有八个：皖东南特色农业休闲、皖东北现代林果休闲、皖北现代牧业休闲、皖西北田园生态休闲、沿江高科技农业休闲、江淮岗丘花木旅游、黄山绿色农业养生、大别山绿色农业养生，为促进当地以及安徽省的经济发展发挥了非常积极的作用。

（三）满足大众精神文化需求

习近平在十九大报告中指出，中国特色社会主义进入新时代，我国社会主要矛盾已经转化为人民日益增长的美好生活需要和不平衡不充分的发展之间的矛盾。显然，人们对美好生活的需求不仅包含物质上的需求，更包含精神文化上的需求，尤其随着人们经济水平的不断提高，物质需求已经较好地满足，精神文化需求将进一步扩大。事实上，从近年来不断涌现的书院热、博物馆热等现象中不难看出，人们对精神文化的需求在不断升温。旅游作为能够较好满足人们精神文化需求的一种途径，近些年一直呈现上升的态势，这一点从笔者列出的 2012—2019 年的旅游业收入总额便可看出。

在之前对旅游产业特征的阐述中笔者指出，旅游产业兼具经济性与文化性的双重属性，虽然旅游消费的构成中离不开物质资料，但精神性、文化性的资料才是旅游中最主要的部分，所以旅游更大程度上属于一种文化消费，其带给消费者的除物质上的满足之外，更多的是精神文化上的满足。由此可见，面对社会发展日益增长的精神文化需求，发展旅游产业无疑是一条精神文化建设的有效途径。

四、旅游产业的构成

旅游产业是一个综合性的产业，其囊括食、住、行、游、购、娱等多个方面，其构成也是极其复杂的。但通过梳理各产业之间的关系，并就其权重做分析，笔者认为可将旅游产业分为旅行社业、旅游观赏娱乐业、餐饮住宿业、交通通信业和旅游购物业五个核心产业，如图 4-2 所示。

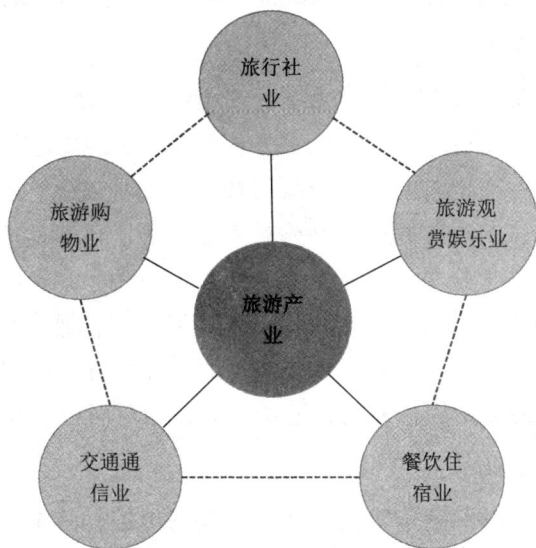

图 4-2 旅游产业的构成

（一）旅行社业

旅行社业属于中介服务型产业，同时具有服务性、经济性和中介性的属性，其中的中介性是旅游产业中其他产业一般不具备的。在面对分散的游客、景点以及其他服务产业时，旅行社作为一个中介，将这些分散的内容集中起来，创造了一种颇具效率的资源组合方式与信息传递方式，成为架在多方之间的一个桥梁。具体来说，旅行社在旅游产业中所发挥的作用突出表现为如下几点

其一，从某种意义上来说，旅行社的产生代表着旅游业的正式产生，因为旅行社的出现使分散的旅游资料逐渐整合起来，并形成一定的规模，这是产业形成的一个重要条件。

其二，旅行社作为连接旅游资料的桥梁，其创造了一种资源组合以及信息传递的方式，并发展为旅游产业中极具效益的组织团体，为推动整个旅游业的发展发挥了积极的作用。

其三，旅行社作为专业的旅游服务机构，有着专业的服务人员，有着标准的服务流程，这能够为游客带去良好的旅游体验，有助于推动良好旅游环境的营造。当然，近些年关于旅行社的一些负面新闻频频出现在网络上，这在一定程度上消减了人们对旅行社的信任度，所以针对旅行社的监管仍需要加大力度，使旅行社成为促进旅游产业发展的催化剂，而不是阻化剂。

（二）旅游观赏娱乐业

旅游观赏娱乐业主要包括旅游景点、旅游景区以及相关的特色娱乐场所。就游客而言，大部分游客旅游的目的都是旅游景区或者旅游地相关的特色娱乐场所，餐饮、交通、住宿、购物以及旅行社其实都是围绕它展开服务，所以从某种意义上来说，旅游观赏娱乐业在旅游产业中居于核心地位。当然，旅游产业的各个产业之间紧密联系、相互依存，缺少任何一个都会影响其他产业的发展。比如，某些偏远的山区，虽然风景怡人，但交通、通信非常不便利，其旅游产业也很难发展，这也是为什么在乡村振兴战略中强调乡村基础设施建设的重要性。因此，旅游观赏娱乐业的核心地位只是相对而言，并不是绝对的。

（三）餐饮住宿业

"食""宿"在旅游产业中也占有非常重要的地位。其中，餐饮是整个旅游线路设计的基础环节，用以满足游客物质方面的需求，当然，因为餐饮和当地饮食文化有关，所以餐饮在一定程度上也能满足游客精神文化层面的需求。旅游餐饮的种类有很多，如饭店、特色餐馆、农家乐和旅游快餐点，它们各有特点，能够满足不同游客对饮食的需求。就目前旅游餐饮发展的趋势来看，绿色化、特色化以及较高的参与性是旅游饮食发展的几个方向。绿色化是指绿色饮食，即追求饮食的绿色和安全，在人们愈加重视安全与健康的今天，纯天然、

无污染的绿色饮食无疑会受到游客的喜爱。特色化饮食是指充分发挥当地的饮食特色，因为游客旅游的其中一个目的就是要品尝当地的特色饮食，如果饮食失去了当地特色，会大大降低游客对当地的好感度，不仅不利于当地旅游餐饮的发展，还会影响当地旅游业的发展。

住宿业为游客提供住宿的场地，包括酒店、民宿、招待所以及小旅社，它们各具特点，能够满足不同游客的住宿需求。此外，随着旅游形式的不断创新，住宿形式也在不断创新，除了上述几种住宿形式之外，如今也有一种提供住宿的火车旅游，虽然在住宿条件上不如固定的场所，但作为一种移动式的旅游、住宿形式非常具有自身特色，也颇受欢迎。

（四）交通通信业

旅游是一种跨空间的活动，这就需要交通与通信的支撑，所以在旅游产业中，交通通信业同样不可或缺。正是基于对交通通信的这一认识，在大力发展乡村旅游的同时，国家同时加强对乡村基础设施的建设。根据交通运输部印发的《农村公路中长期发展纲要》可知，到 2020 年底，具备条件的乡镇和建制村通硬化路、通客车目标全面实现，基本形成了遍布农村、连接城乡的农村公路网络。截至 2020 年 12 月，我国互联网普及率达 70.4%，较 2020 年 3 月提升 5.9 个百分点。其中，农村地区互联网普及率为 55.9%，较 2020 年 3 月提升 9.7 个百分点。近年来，网络扶贫行动向纵深发展取得实质性进展，并带动边远贫困地区非网民加速转化。在网络覆盖方面，贫困地区通信"最后一公里"被打通，截至 2020 年 11 月，贫困村通光纤比例达 98%。[①]

从某种意义上来说，没有现代交通通信业的发展，现代旅游业的发展将受到极大的限制。当然，交通通信业囊括的范围同样十分广泛，我们并不能将交通通信业全部纳入旅游产业的范畴，而只能将其作为一个重要的组成部分考虑在内。以交通业为例，交通涉及的飞机、火车、汽车等，除了旅游汽车公司、旅游巴士专线运营公司的交通工具之外，其他企业的运输工具所输送的乘客中仅仅有一小部分是以旅游为目的的。因此，我们要正确认识旅游产业与交通通信业之间的关系。

（五）旅游购物业

旅游购物品是指游客在旅游途中购买的各种物品，通常包括文化艺术品、

---

① 中国互联网络信息中心．第 47 次中国互联网络发展状况统计报告 [R]．北京：中国互联网络信息中心，2021.

工艺美术品、风味土特产以及旅游纪念品等。很多游客在旅游地或多或少都会购买一些商品，或者是因为商品的艺术性，或者是因为商品的文化性，抑或是因为商品的纪念性，并由此催生了旅游购物业的产生。与平时购买的商品不同，有些旅游商品虽然也具有实用性，但更多的是彰显其艺术文化特性或地域特色性，这些也是最为吸引游客的地方，而且作为从异地而来的游客，旅游商品还具有纪念性的特点。因此，虽然有时旅游商品的价格稍高，但很多游客仍然会选择购买，因为其蕴含的诸多价值已经超出商品本身的价值。就旅游产业而言，旅游购物业同样是核心产业之一，但就目前已经开发的旅游产品而言，仍旧存在一些问题，如同质化严重、品牌意识不足、层次性较差等，这些严重制约了旅游购物业的发展，需要引起相关从业人员的重视。

第四节　旅游产业理论基础

一、旅游产业的经济学理论基础

旅游产业作为一个重要产业，具有经济属性，其发展也要遵循经济规律。因此，经济学是旅游产业发展的基础理论之一，能够为旅游产业的发展提供必要的理论指导。

（一）价值规律

价值规律是商品生产和商品交换的基本经济规律。市场经济运行中存在着许多客观的经济规律，在这些规律中，价值规律是最重要的基本经济规律，它体现在社会再生产的生产、交换、分配和消费的各个领域，制约着市场经济的其他规律和矛盾运动，支配着每一个经济主体的行为和命运，调节着商品生产和商品交换的全部运行过程，决定着市场经济的整个发展。[①]价值规律在指出商品价值本质的同时，也强调了商品的交换要遵循等价的原则（货币出现之前为商品交换），而在货币出现之后，商品的价值可以由货币表示，由此出现了价格，因此价值规律中的等价交换原则便可以延伸为商品价值与价格相等。

就旅游产业而言，经济学中的价值规律为旅游商品价格的制定提供了理论基础。作为消费者而言，商品的价格是我们关心的重点之一，只有价格合理，

---

① 荣兆梓，华德亚.政治经济学教程新编 第 5 版 [M].合肥：安徽人民出版社.2017：55.

消费者才能觉得物有所值；反之，当商品定价不合理时，会使消费者形成不好的印象，从长远来说，这不利于产业的发展。因此，旅游商品在制定价格时，一定要将价格确定在一个合理的区间内，而这就需要价值规律作为理论依据。从价值规律可知，商品的价格主要受商品价值以及供求关系两个因素影响。在供求关系平衡时，商品价值越高，商品的价格自然越高；而当供大于求时，商品价格往往低于其价值；而当供不应求时，商品价格往往高于其价值。就旅游实际情况来看，旅游商品价格过高或过低都不利于旅游产业的健康发展，因此市场应调控好供求关系，使商品价格与其价值匹配，避免因为商品定价不合理而影响旅游产业发展情况的出现。

（二）供求规律

需求是产业产生的前提，没有需求，也便不会产生相应的企业，而且在产业形成之后，社会的需求还会继续影响产业发展的方向。以本书要论述的旅游产业为例，我国旅游产业近些年之所以呈现一种蓬勃发展的态势，正是因为社会大众对旅游具有巨大的需求。那什么是"供"呢？显然，产业便是"供"的一方，面对社会发展产生的需求，供应的一方开始出现，当供应的一方形成一定的规模之后，也便逐渐形成了产业。面对社会的旅游需求，作为"供"的一方，旅游产业应该怎样处理"供"的方式，怎样处理供求关系，是需要深入思考的问题。

供求规律作为经济学的基本规律，显然能够为旅游产业中的供求关系分析提供理论依据。首先，旅游产业要结合社会需求做好旅游资源配置。旅游资源是旅游产业得以发展的基础，也是吸引游客的重要资本，但不同的社会群体对不同的旅游资源需求不同，甚至在不同的社会时期，人们对旅游资源的追捧热度也不同，因此旅游产业要时刻关注社会大众的旅游需求，合理配置旅游资源。比如，近些年新兴的乡村旅游、探险旅游分别得到了不同程度的发展，所以资本可以相应地向这些方面倾斜，优化旅游资源的配置，从而更好地满足游客在这些方面的旅游需求。其次，旅游产业要结合社会需求做好产业结构调整。随着社会的不断发展，社会产业也在不断趋于多元化和复杂化，旅游产业本身也需要不断调整自身结构，以适应社会发展。当然，在适应时代发展的同时，也需要考虑社会大众对旅游的需求，毕竟需求才是产业发展的根本。比如，随着互联网的发展，它对社会的影响越来越大，也潜移默化地影响着社会大众对旅游的需求，旅游产业需要有机地结合互联网，实现产业结构优化升级，从而促进旅游产业的可持续发展。

（三）成本与需求理论

成本与需求理论揭示了成本与需求之间的关系，即成本越低，需求越高。从之前的供求规律可知，产业的发展依赖于需求，所以产业发展的一个途径便是降低成本，刺激需求。当然，在成本与需求之间还有一个很重要的因素——质量，企业不能为了刺激需求而无底线地降低成本，因为无底线地降低成本带来的结果只能是质量的下降，这对企业以及整个产业的发展都会产生非常消极的影响。对于企业来说，无底线降低成本，虽然会刺激大量需求的产生，但因为质量的下降，信誉度也会随之降低，其结果不言自明。对于整个产业来说，当有一些企业开始放弃质量，一味地追求低价时，势必会产生劣币驱逐良币的现象，导致一些优良的产品被驱逐出市场，最终市场剩下的全是劣质产品，这个产业将陷入恶性循环。

对于旅游产业来说，同样可以走降低成本、刺激需求的道路，但要避免上述情况的发出。具体可以考虑从以下两点着手：一是从企业内部着手，加强产品技术研发，在不降低产品质量的同时，降低产品生产成本。二是从旅游产业的各产业间着手，即加强旅游各产业间的合作，降低游客的旅游成本。就国内旅游市场来看，目前旅游的综合成本仍旧处在一个较高的水平，这便不可避免地抑制了一部分人的旅游热情，而造成综合成本较高的一个因素便是旅游各产业之间的合作较少。比如，一个人到某个地方旅游，虽然吃、住、行、游等各项的费用都不高，但加在一起却是一项不低的费用支出，如果吃、住、行、游各产业能够相互合作，并认真研究降低成本的措施，无疑有助于刺激社会大众的旅游需求。

二、旅游产业的社会学理论基础

旅游既是一项经济活动，又是一项社会活动，所以基于旅游发展的旅游产业除了要遵循经济规律之外，还需要遵循社会发展的基本规律。

（一）社会可持续发展理论

自从人类进入工业时代之后，社会发展速度持续加快，但随之而来的是资源消耗过大、环境污染等问题，于是可持续发展的社会理念被提出。可持续发展是指在满足当代人生存需求的基础上，不对后代的生存需求满足产生威胁的发展；在经济结构优化与升级的过程中，又需要对自然进行保护，实现人的发展与自然环境的协调，保证世界经济的有序发展。① 近年来，随着人们生活水平不断提高，旅游需求不断增大，这极大地促进了我国旅游产业的发展，但在旅游产业发展的早期，由于缺乏相关的经验和完善的监管，出现了过度开发旅游资源的状况，导致许多景区的生态环境遭到破坏，严重影响了旅游产业的可持续发展。因此，旅游产业的发展应改变以往粗放式的发展模式，要以可持续发展理论为指导，走可持续发展道路。

对于任何一个产业来说，追求的都是长远的发展，尤其对于依托于旅游资源的旅游产业而言更是如此，而要实现旅游产业的可持续发展，首先要实现的就是旅游资源的可持续性，所以必然需要可持续发展理论的指导。首先，要加强旅游环境立法工作，通过法律法规的约束作用强制相关企业重视旅游生态环境保护，并积极落实相关政策。其次，加强对旅游资源开发的监管。旅游资源是旅游产业发展的重要依托，有些企业为了吸引游客，在开发旅游资源时往往会过度开发，其结果便是导致旅游资源被过度消耗，甚至引起一系列生态环境问题，所以对于旅游资源的开发，相关部门应加强审核与监管。最后，加强对游客的环保宣传。近些年，我国游客数量激增，虽然带来了经济效益，但由于很多游客的环保意识较差，随手丢垃圾、破坏景区建筑等行为常有发生，也在一定程度上破坏了景区的生态环境。因此，要加强对游客环保的宣传，提高游客的环保意识，增强游客环境保护的责任感，从而使旅游景区的生态环境在开发者与游客的共同保护下得到更好的保护。

（二）社会全面发展理论

社会全面发展理论的宗旨是社会的发展不应该只是经济的发展，社会发展应该是包括经济、政治、文化、社会建设和生态环境等多方面的发展，通过社会的全面发展，实现人与自然、人与社会的协调发展，为实现人的全面发展奠定良好的社会基础。社会全面发展理论是人类社会发展到一定阶段的产物，人类认知达到一定阶段形成的一种理论，该理论指出，社会是一个有机的整体，包括经济、文化、政治、生态环境等方方面面，每一个方面都影响着人们的生活，社会发展应该是全面的，这样的社会才是"健康"的社会，对人类的发展才能产生最大的效益。

如今，旅游产业已经成为我国社会发展不可或缺的产业之一，其涉及经济、文化、政治、生态环境等诸多方面，而从旅游产业这一属性来看，其本身

---

① 赵富森. "文化创意+"会展业融合发展 [M]. 北京：知识产权出版社，2019：42.

就符合社会全面发展理论，因为旅游产业的发展能够对社会的诸多方面产生影响，所以发展旅游产业是社会全面发展的一个必然要求。当然，站在社会发展的大环境下，旅游产业仅仅是其中的一个组成部分，所以旅游产业的发展需要跟随社会发展的步伐，而在社会快速发展的今天，社会的全面发展也不断对旅游产业提出新的要求，如旅游产业应该与互联网相融合，旅游产业发展需要和文化发展相融合，旅游产业发展需要和生态环境建设相融合……显然，面对社会全面发展提出的新的要求与挑战，旅游产业需要不断地转型升级，不断地调整产业结构，适应社会时代发展，并与社会全面发展的要求相一致，从而达到促进社会全面发展的终极目的。

（三）社会交换理论

社会交换理论指出，人类的很多行为都是为了追求利益的最大化，但利益并不是绝对的，在交换的过程中，理性、利益的满足、互惠与公正是完成交换的重要原则之一。就旅游产业来说，交换发生在当地居民、旅游者、景区商家以及旅游开发者等多个利益群体之间，而处理好各群体间的利益关系，才有助于旅游产业的健康发展。但在实际处理的过程中，因为各主体都想寻求利益的最大化，所以不免会发生利益冲突，这显然不利于旅游产业的发展。因此，应该以社会交换理论为指导，在追求利益最大化这一本质的基础上，充分利用理性、利益的满足、互惠与公正等原则，最大限度地避免利益冲突。

首先，要建立利益分享机制与平等的对话机制。作为旅游开发者，因为他们为当地旅游资源的开发投入了大量资金，所以也相应地具有较大的话语权，这种话语权使他们忽视当地居民的反馈，甚至为了追求利益的最大化不断侵占当地居民的利益。而作为个体存在的当地居民，在面对利益集团时，常常处于弱势地位，这使他们的利益诉求不被他人听见，进而引起了当地居民与利益集团的冲突。为了避免这一情况的出现，政府应建立利益分享机制与对话机制，让当地居民能够有反馈意见的途径，并认真分析他们的反馈，然后公平地分配利益，从而避免当地居民与利益集团矛盾与冲突的形成。其次，要建立利益协调机制。利益协调机制的目的在于协调各方之间的利益，因为利益冲突除了发生在旅游开发者与当地居民之间，也同样存在于游客与当地居民、游客与旅游开发者、旅游开发者与景区内的商家之间，任何两方之间发生冲突都不利于旅游产业的发展，因此政府还需要站在一个宏观的视角上，制定包括各方的利益协调机制，从而为旅游产业的稳定发展提供保障。

三、旅游产业的心理学理论基础

心理与旅游，初看之下，两者之间并没有联系，但深入剖析便可发现旅游产业同样涉及心理方面的一些问题，所以旅游产业的发展也要遵循心理发展规律。具体而言，旅游产业的心理学理论主要从游客心理与旅游业人才心理两个方面进行阐述。

（一）基于游客角度的心理学分析

社会生活是一个复杂的过程，在这个过程中包含着丰富的内容，有些内容对人的心理产生积极的影响，有些内容则会对人的心理产生消极的影响，当消极的影响过多时，便可能导致某些心理问题的产生。其实，在现代社会生活中，很多人在心理健康上处于一种亚健康状态，而导致这一现象的原因是复杂的。有些是因为工作引起的，因为在社会竞争不断加剧的今天，很多人每天都在面对巨大的工作压力，这些压力的存在非但没有起到动力的作用，反而会影响人们的工作状态，常常导致工作效率并不理想，这种状态无疑会进一步加大心理上的压力，进而导致心理问题。另外，还有一些人或许是因为在生活中遇到困难，这些生活中的困难如果长时间不能解决，也同样会诱发心理问题。总之，引起心理问题的原因有很多，在此笔者就不一一列举了。而一旦产生了心理问题，会对个体的工作和生活产生非常消极的影响，所以如何释放心理压力、如何缓解或解决心理问题至关重要。

在众多释放个体压力、缓解心理问题的途径中，旅游是一种被大众认可且较为有效的一种途径，这也是旅游产业发展的一个重要原因。至于旅游为什么能够起到这种作用，主要有如下几点原因。第一，通过旅游人们可以暂时从紧张的工作、学习以及生活的烦扰中脱离出来，使大脑和心灵重新归于宁静，虽然这种宁静只是暂时的，但却可以有效缓解心理的紧张感与压力感。第二，在旅游的过程中，人们可以与一起游玩的旅伴沟通、交流，甚至向他们倾吐内心的烦扰与痛苦。倾诉是释放心理压力最有效的办法，如同将自己心理上的"垃圾"倾倒出去，为心理腾出更多的空间，而作为一起游玩的旅伴，甚至可以为人们提供一些建议，这也有助于人们从不同的角度去分析问题，从而找到解决问题的思路与方法。第三，旅游是一个体验的过程，旅游的目的地不同，体验的内容也不同，当以缓解自身心理压力为目的时，笔者建议人们选择以自然风光为主的旅游目的地，因为大自然本身是宽广的，处在宽广的天地中，更有助于释放自己，也有助于豁达自己的胸怀，对缓解心理压力能起到非常积极的作用。

（二）基于旅游产业人才角度的心理学分析

人才是产业发展的重要支撑，旅游产业要想实现可持续发展，必然不能缺少高素质的旅游人才。就旅游人才而言，需要具备以下几项素质。一是思想政治素质，即要有正确的价值观、人生观和世界观，并具备正确的政治态度与政治信念。二是职业素质，这是各行业对人才要求最基本的素质，也是最重视的素质，包括职业能力、职业兴趣、职业态度等多个方面。职业素质具有明显的职业性，不同的职业对职业素质的要求不同，个体形成的职业素质也不同，如职业态度，这是个体对待职业的态度，不会因为工作的转换而发生改变。三是身心素质，包括身体素质与心理素质。良好的身体素质与稳定的心理素质也是各行业非常重视的人才素质，尤其重视稳定的心理素质。

在此，笔者就旅游产业人才的心理素质做简要剖析。首先，要具备良好的心态与稳定的心理素质。旅游业属于服务业，而服务的对象——游客，性别不同、性格不同、年龄不同、兴趣不同，每天面对不同的游客，不可避免地会遇到各种各样的问题，只有具备良好的心态与稳定的心理素质，才能更好地处理各种问题，从而提高游客对旅游行业的好感度。二是要具备乐观的心理品质，这是感染他人的一种品质，对于每天需要接触很多人的旅游从业人员而言，乐观的心理品质不仅有助于自己的心理健康，更能够感染游客，从而对游客在心理方面产生积极的影响。三是具备基本的心理学知识。对于一些需要经常接触游客的工作人员而言，如导游，他们需要具备基本的心理学知识，这样可以在与游客的接触中通过正面的诱导，帮助游客缓解心理上的压力，以进一步提高游客对旅游行业的好感度。

四、旅游产业的生态学理论基础

生态学是研究生物体与其周围环境（包括非生物环境和生物环境）相互关系的科学。[①]旅游作为一个以人为主体展开的社会活动，自然会在人与环境之间产生关系，所以生态学中的一些理论也适用于旅游产业，并且能够为旅游产业的发展提供必要的理论指导。

（一）生态学理论指导生态景区建设

在党的十八大中，提出了"大力推进生态文明建设"的战略性决策，在党的十九大报告中，习近平再次强调，要"加快生态文明体制改革，建设美丽

---

① 曹鹤舰.新时代中国生态文明建设[M].成都：四川人民出版社，2019：20.

中国"。在生态文明建设的大背景下，建设生态景区，使景区形成一种景观生态，无疑是一个必然的趋势。生态学作为研究生物体与其周围环境相互关系的一门科学，其理论对指导生态景区的建设具有非常积极的作用。具体而言，生态学理论对生态景区建设的指导作用体现在如下两个方面。

第一，生态景区建设应注意自然植被的保护与利用。自然植被在生态景区中发挥着重要的作用，一个好的生态景区，必然是各种自然植被能够得到充分的保护与利用。生态景区的核心在于"生态"二字，而自然植被无疑是最能体现景区生态性的资源，那些为了景区景观而砍伐自然植被的做法显然违背了"生态"的初衷。其实，在长时间的生存中，这些自然植被适应了当地的环境，且与当地的环境有机地融合在一起，贸然破坏这些植被，无疑也会对当地的环境造成影响。因此，景区的生态建设不能以破坏自然植被为牺牲，即便自然植被的存在在一定程度上影响了生态景区的建设，也应该通过更加科学的方式予以解决，如移栽、重新进行规划等，从而在最大限度保护自然植被的基础上使景区的结构与布局更加合理。

第二，生态景区建设要注意生态环境的保护。生态景区是以良好的生态环境作为基础的，如果没有良好的生态环境，景区内垃圾遍地、空气污浊，不仅不会受到游客的喜爱，更不利于景区的可持续发展。因此，生态景区的建设要将环境保护作为一个重要的原则，时刻监督景区生态环境情况，一旦发现空气污浊、垃圾污染等情况，应立刻解决，使景区建设始终不违背"生态"二字。

（二）生态学理论指导旅游产业转型升级

笔者在之前多次提到旅游产业的转型升级，这是旅游产业发展到一定阶段必然要选择的道路。至于应该怎样转型升级，因为受到多种因素、多种理论的影响，所以我们很难以一概全。在此，要以生态学理论为指导，以云南旅游产业为例，就其产业升级方向做简要阐述。

第一，云南旅游产业可以利用云南良好的生态环境，以体验云南生态环境为主要内容进行旅游项目开发。就工业发展来看，云南虽然比东部地区发展较为落后，但在生态环境上却占有较大的优势，开发程度较低，污染较小，所以可以依托生态环境方面的优势吸引游客，让游客在良好的生态环境体验中感受自然生态的美好，得到身心上的愉悦与放松。

第二，云南旅游产业可以利用云南的气候优势，将气候资源与旅游结合起来。云南的省会——昆明，一年四季如春，有"春城"之称，且其空气质量很好，这些对游客来说非常具有吸引力。因此，气候生态旅游有可能会成为云南旅游产业转型升级的一个方向，但目前很多地区对气候生态的开发仍然处在较为初级的阶段，还需要我们做进一步的探索。

（三）生态学理论指导旅游资源开发

旅游资源是旅游产业发展的一个重要基础，但有些旅游资源需要经过开发才能应用到旅游产业中。在旅游资源开发过程中，有些旅游开发者为了实现利益的最大化，常常过度开发资源或者破坏性地开发资源，虽然这样可以在短期内获得更多的利益，但却不利于旅游产业的可持续发展。因此，从产业长远发展的角度来看，应该科学、合理地开发旅游资源。

从生态学的角度来看，旅游资源开发时应注意以下几点：第一，旅游资源的开发不能超出当地生态环境的承载能力。生态环境的承载能力是有限度的，在限度内，生态环境即便遭到破坏，也能够依靠其修复能力自我修复，而一旦超出其承载能力，便可能会对生态环境造成永久性受害，所以在开发旅游资源时，一定要深入研究当地环境的承载能力，在其承载能力限度内进行开发。第二，旅游资源的开发要与资源保护相结合。之前笔者多次提到过保护性开发，虽然旅游产业发展更多偏向于促进经济发展，但从可持续发展理论可知，经济发展不能只谋求短期利益，而是要坚持长远利益，这就要求我们同样不能忽视"保护"这一重要指标。第三，旅游资源开发与资源修复相结合。有些地区在旅游资源上具有一定的优势，但因为种种主客观原因的影响，导致当地旅游资源遭受到不同程度的破坏，从而影响了当地旅游产业的发展。对于这些地区来说，可以采取资源开发与修复相结合的方式，重新使这些地方成为适合人们旅游的景区。

（四）生态学理论指导旅游规范设计

旅游规范设计主要是面向景区管理而言的，而景区管理包含两个方面：一是游客管理；二是旅游经营者管理。所以，生态学理论在旅游管理规范设计上的指导也指向游客与旅游管理者。首先，就游客来说，从生态学的角度看，应该从四个方面对游客进行规范：第一，严谨游客吸烟和用火的行为。在景区内吸烟、用火容易引发火灾，而一旦发生火灾，将会对景区，甚至当地的生态环境造成严重影响，所以在景区范围内，应严格禁止游客抽烟与用火的行为。第二，限制游客乱扔垃圾的行为。乱扔垃圾会对景区生态环境产生严重的影响，虽然景区内有相关人员定期清理垃圾，但有些地区的环境比较险要，如山涧、峡谷，这些地方的垃圾极难清理，所以为了景区生态环境的可持续发展，应从规范制度层面限制游客在景区内乱丢垃圾。第三，限制游客交通行为。如果汽车等大型交通工具进入景区内，不仅会对景区生态环境造成污染，还会影响游客的安全，所以要限制汽车等交通工具进入景区内，景区为游客提供电瓶车或缆车。第四，禁止游客破坏行为。有些游客在景区内会随意踩踏花草、折枝采花、乱画乱刻，这种破坏景区的行为应严格禁止，这不仅是景区保护生态环境的要求，更是社会公德的要求。其次，就旅游管理者来说，从生态学的角度看，应该从三个方面对旅游管理者进行规范：第一，限制旅游经营者的经营行为。旅游经营者虽然能够为景区带来经济收入，但不能不考虑经营者的经营行为，如大量使用一次性工具、大量使用煤炭等燃料等，这些应该被严格禁止，否则会对景区生态环境造成严重破坏。第二，限制旅游经营者非法的排污行为。很多景区都存在酒店、饭店等经营单位，这些经营单位在经营过程中会产生大量的污染物，如生活垃圾、污水等，这些污染物如果非法排入景区内，势必会对景区的环境造成危害，所以要严格限制非法的排污行为。污水必须经过处理，达到排放标准才允许排放；生活垃圾等固体污染物要运送到指定地点进行处理。第三，限制景区的游客接待数量。很多景区在节假日的时候游客数量会比较多，有些景区为了使利益最大化，往往不会限制游客的数量，导致游客数量常常超出景区的承受值，这样不仅对给游客带去不好的旅游体验，还会对景区造成一定的破坏，所以应限制景区每日的游客接待数量，以利于景区生态环境的保护。

第五章 乡村旅游资源开发与保护

第一节 乡村旅游资源阐述

一、乡村旅游资源的定义与构成

（一）乡村旅游资源的概念

1.旅游资源的定义

何为旅游资源，简单来说就是游客的旅游对象或者目的物，但该如何用文字去定义它？笔者查阅了大量的文献资料，发现不同学者和组织对旅游资源的定义也不尽相同。比如，文化和旅游部、国家技术监督局给旅游资源下的定义为自然界和人类社会凡能对旅游者产生吸引力，可以为旅游业开发利用，并可产生经济效益、社会效益和环境效益的各种事物和因素，均称为旅游资源。[①]谢春山则认为，旅游资源是客观地存在于一定地域空间并对旅游者有吸引力的自然存在、历史遗存和社会文化现象。[②]邓爱民等人则指出，凡是能激发旅游者的旅游动机，并促使产生旅游行为，且能为旅游业所利用并产生经济、社会及生态效益的现象和事物，都可称之为旅游资源。[③]

综合分析上述学者对旅游资源的定义，虽然在文字叙述上不同，但从上述的叙述中我们可以总结出旅游资源定义所包含的内容：

---

① 雷晓琴，谢红梅，范丽娟.旅游学导论[M].北京：北京理工大学出版社，2018：54.

② 谢春山.旅游学[M].北京：北京理工大学出版社，2017：71.

③ 邓爱民，孟秋莉.旅游学概论[M].武汉：华中科技大学出版社，2017：91.

（1）旅游资源是客观存在的。

（2）旅游资源对其他地方生活的人具有一定的吸引力。

（3）旅游资源能够运用到旅游产业中，无论是当前可利用的，还是未来可利用的。

（4）旅游资源是能够产生效益的，包括社会效益、经济效益和环境效益三个方面。

综合旅游资源的上述内容，我们可以对旅游资源下一个简要的定义：旅游资源是客观存在的，对旅游者具有一定吸引力，能够运用在旅游产业中，且最终能够产生社会、经济、环境效益的现象或事物。

2. 乡村旅游资源的概念

乡村旅游资源，从字面意思上看，在"旅游资源"的概念上加上了"乡村"两个字，但我们并不能简单地将旅游资源的概念通过"乡村"两个字进行简单的延伸，因为从本书第一章笔者对乡村的解读中可知，乡村作为一个地域空间，其兼具政治、文化、经济、自然等特征，是一个复杂的概念，所以需要我们结合乡村对乡村旅游资源做更为深入的解读。

首先，我们可以先来看一些学者针对乡村旅游资源的解读，这些阐述有助于我们进一步理解旅游资源的概念。比如，王云才等从景观学的角度着手，将乡村旅游资源看作是一种景观。因此，乡村旅游资源可被看作，在乡村地域范围内能够被利用的景观及景观资源，是对无论是乡村居民或城市居民都能够产生吸引力，并满足旅游需求的乡村事物、事件、过程、活动、人物、乡村文化、乡村民俗、口头传说、民间艺术、乡土教育等资源；乡村旅游资源的数量、类型、品位、地方性组合特征和乡村居民的友善好客等居民态度构成乡村旅游资源的主要特征，而乡村旅游资源开发程度、基础设施建设、经济更新条件等成为乡村旅游资源开发与利用的重要条件。[①] 再如，唐云松分别从广义与狭义的角度对旅游资源进行了阐述：从广义上来看，乡村旅游资源是指在现实条件下，能够吸引人们产生旅游动机并进行旅游活动的各种有一定内涵和特色的自然、人文、物质及精神的乡村旅游景观，这些景观能为旅游者提供游览、观赏、知识、乐趣、度假、疗养、娱乐、休息、探险猎奇、考察研究、社会交往等功能和服务；从狭义上来看，乡村旅游资源是指在乡村地域范围内，能对旅游者产生吸引力、满足旅游需求并可产生经济、社会和环境效益的各种乡村

特色景观。[①]

从上述针对乡村旅游资源的解读中，我们不难对乡村旅游资源下一个简要的定义：乡村旅游资源是在乡村这一地域范围内，对其他地区（包括城镇和其他乡村）的人具有一定的吸引力，并吸引他人前来进行旅游活动，且最终能够为乡村带来经济、文化、社会、政治、生态等综合效益的客观体。当然，在理解乡村旅游资源概念的时候，有一点需要我们注意，即在社会不断演进的过程中，旅游以及乡村旅游的人数在不断改变，所以旅游资源的概念与内涵自然也会发生改变，这就需要我们不断更新自己的认知。比如，在农业旅游未兴起之前，农业仅仅是第一产业中的组成部分，并不属于旅游资源，但农业旅游兴起之后，农业逐渐成为重要的旅游资源之一，农业的产业链得到了延伸。总之，现代社会在不断发展，旅游的内涵在不断丰富，对旅游资源的认知也要随之不断扩充。

（二）乡村旅游资源的构成

乡村旅游资源由自然旅游资源、文化旅游资源和社会旅游资源三部分组成，形成了一个有机的复合整体，如图 5-1 所示。

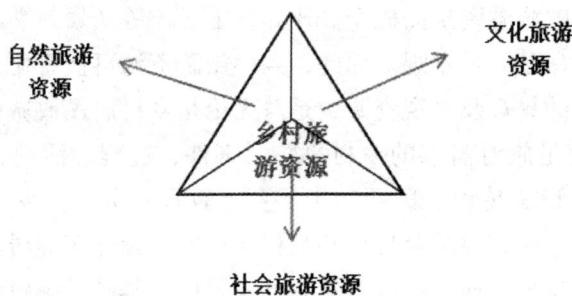

图 5-1 乡村旅游资源构成示意图

1. 自然旅游资源

乡村自然旅游资源是指包括地质、水文、气候、生物等在内的自然综合体。人的生产生活都是建立在自然环境基础之上的，这是其他资源要素产生的基础。我国乡村旅游资源丰富，种类多样，这在很大程度上受自然环境的影响，关于这一点笔者在之前已有多次论述，在此仅针对自然资源本身进行阐

---

① 唐云松.旅游资源学 [M].西安：西安交通大学出版社.2019：1.

述。相较于城市而言，乡村虽然基础建设、经济发展等相对落后，但自然资源却更加丰富，这为乡村旅游的发展提供了得天独厚的自然条件。乡村旅游应积极开发自然旅游资源，但需要采取科学的方法，遵守保护的原则，不破坏自然环境。

2. 文化旅游资源

乡村文化旅游资源包括乡村民俗文化、乡村建筑文化、乡村农耕文化、乡村饮食文化等，是乡村旅游资源中最能体现乡村特点的客观体。乡村文化资源既包括物质层面的实物，如民俗建筑、农事工具等，又包括非物质层面的精神文化，如民俗、节庆活动等。我国不同地域、不同民俗之间，民俗文化资源也存在差异，各地、各民族应结合自身特色进行开发，让游客能够感受到文化的差异，获得与其他地域不同的旅游体验。

3. 社会旅游资源

乡村社会旅游资源包括乡村的社会结构、经济结构、农业景观结构等。乡村社会资源同样能够凸显乡村的特色，这是在乡村长时间发展过程中逐渐形成的，具有稳定性的特征。当然，为了满足游客乡村旅游的需求，一些乡村社会资源在开发时也可融入一些现代性的内容，如乡村农业景观，为了从传统的观光式向体验式转变，应加入一些体验性的项目，让游客既可以观光，又可以体验农事活动，从而使游客形成更加深刻的旅游体验。

需要说明的是，乡村旅游的上述三个部分并不是相互割裂、截然分开的，而是彼此联系、相互融合，共同构成了乡村旅游资源这个有机整体。

二、乡村旅游资源的特点

（一）民族性

我国是一个多民族融合的国家，而不同的民族在长期的发展中形成了不同的文化，虽然在现代化的进程中，各民族之间的交流日益增多，使不同民族之间的文化或多或少地融合了其他民族文化的元素，但总体而言，仍然保留着本民族的特色，尤其是一些地理位置较为偏远的乡村，其文化特色保留得更为完整。这些各具特色的民族文化赋予了乡村旅游独特的魅力，吸引着对民族文化感兴趣的游客。在某种程度上，当地旅游资源的吸引力与其当地文化的民族性呈正相关，即民族性越强，对游客的吸引力越强，越有助于当地旅游产业的发展。

（二）系统性

之前笔者曾指出，乡村旅游资源由自然旅游资源、文化旅游资源和社会旅游资源三个部分组成，三者之间共同构成了乡村旅游资源这个有机整体，任何一个要素受到影响，其他要素都会受到影响，进而影响当地旅游产业的发展。乡村资源的这种系统性决定了在乡村旅游资源的保护中，应该站在长远发展的角度，从整体出发，切忌只考虑短期利益，而忽视对某一要素的保护。

（三）广泛性

我国地域幅员辽阔，除了高山、沙漠等自然条件极为苛刻的地区外，其他地区大多能够满足人类居住的需求，所以也大多存在人类的足迹，而有人类居住的地方必然会产生相应的景观，这些遍布全国各地的景观为旅游产业的发展提供了条件。我国作为一个农业大国，这些景观自然有不少存在于乡村中，并成为乡村重要的旅游资源。因此，从地理空间分布的角度来看，乡村旅游资源也具有广泛性的特点。

（四）多样性

乡村旅游资源的多样性体现在多个方面。从乡村旅游资源的形态来看，乡村旅游资源既表现为农、林、牧、渔等农业类型的景观，又表现为民俗文化、节庆活动等文化类景观，还表现为五彩缤纷的民族文化景观；从乡村旅游资源的内容看，既包括自然旅游资源，又包括文化旅游资源，还包括社会旅游资源。故而，多样性也是乡村旅游资源的基本特点之一。

（五）脆弱性

乡村文化资源的脆弱性体现在两个方面：一是乡村生态资源的脆弱性；二是乡村文化资源的脆弱性。首先，就乡村生态资源来说，生态资源的原始性是吸引城镇居民的一个重要原因，这种原始性之所以得到维持，是因为以前并没有人对其进行开发，外来参观的人也非常少，而一旦对其进行开发，不可避免地会对其原始性造成破坏。其次，就乡村文化资源的脆弱性来说，这是在城市文化影响下逐渐凸显的一个特征，因为乡村文化在长时间内显示出的是较强的稳定性，但城市文化出现之后，乡村文化的稳定性逐渐消解，并呈现出一定的脆弱性。因此，面对城市文化的影响，保护和继承乡村文化就显得非常重要且迫在眉睫。

三、乡村旅游资源的分类

面对乡村旅游的热潮，国内外不少学者对乡村旅游资源进行了分类，但由于乡村旅游资源的多样性，目前对乡村旅游资源的分类并没有统一的标准，但对乡村旅游资源进行分类具有非常积极的意义，能够更好地发挥旅游资源的核心竞争力，并将其竞争力转化为现实的旅游需求。因此，笔者在综合众多学者分类的基础上，依据不同的分类标准，对旅游资源进行了如下分类。

（一）依据资源的属性进行分类

依据乡村旅游资源的属性可将旅游资源分为自然旅游资源、文化旅游资源和社会旅游资源。依据乡村旅游资源的属性分类是目前最常用的分类方式，这种分类方式也常用于乡村旅游资源构成的阐述中。笔者在前文针对乡村旅游资源构成的论述便是采用这一分类方式，也分别针对自然旅游资源、文化旅游资源和社会旅游资源进行了论述，所以在此不再赘述。

（二）依据资源的可再生性分类

依据资源的可再生性可将乡村旅游资源分为可再生资源与不可再生资源两类。

1.可再生资源

乡村旅游资源中的可再生资源是指被消耗或者遭受适度毁坏后，能够通过某些适当的途径将其恢复或者人工再造的资源。比如，乡村中的农业资源，游客在体验的过程中会产生消耗，但在下个播种季节之前，通过人工的播种便可以恢复。再如，一些仿造的建筑，有些乡村具有深厚的历史文化底蕴，但历史上的建筑早已不在，而为了凸显当地的历史文化底蕴，往往会选择仿造一些历史建筑，这些建筑因为是现代仿造的，并没有历史和文化价值，也属于可再生资源。

2.不可再生资源

乡村旅游资源中的不可再生资源是指被消耗或者遭受毁坏后不可再恢复或不能人工再造的资源。在乡村旅游资源中，有很多都是不可再生的，如传统建筑，虽然在损毁之后可以重建，但两个建筑已经属于不同的事物，其文化内涵和历史价值也截然不同。此外，一些自然资源也属于不可再生的，如特殊的地貌，是经过上千年甚至是上万年才形成的，一旦损毁，将不可能再恢复。乡村旅游资源中的不可再生资源为旅游开发者敲响了一个警钟，即在开发旅游资源时，要始终坚持保护—开发—保护的规划路线，从而确保旅游产业能够可持续的发展。

（三）依据资源的开发现状分类

依据乡村旅游资源的开发现状可将乡村旅游资源分为已开发旅游资源、待开发旅游资源和潜在旅游资源三类。

1.已开发旅游资源

顾名思义，已开发旅游资源是指已经被开发的旅游资源，这些资源是支撑当前旅游产业发展的基础。由于种种主客观原因的影响，已开发的资源中有些已经具有了非常高的知名度，有些知名度仍旧较低。对于资源知名度较高的乡村，游客自然是络绎不绝，所以如何在保证经济收益的同时，确保资源的可持续性是需要思考的一个问题。而对于资源知名度较低的乡村，游客量相对较少，所以如何提高其知名度，以提高综合效益是需要思考的主要问题。

2.待开发旅游资源

待开发旅游资源是指对外界已经产生一定的影响力但仍未开发的资源，此类旅游资源虽然还没有开发，但却有了开发计划，当时机成熟时，便会将其作为重要的旅游资源进行开发。对于此类旅游资源，切忌盲目开发，一定要做好开发规划，走保护—开发—保护的开发路线，而不是开发—效益的路线。

3.潜在旅游资源

潜在旅游资源是指没有对外界产生影响力且没有开发的资源。从某种意义上来说，潜在旅游资源和待开发旅游资源都属于未开发旅游资源，只是两者的程度不同。潜在旅游资源虽然没有对外界产生影响力，但却具有开发的潜力。其实，在很多乡村中都存在潜在的旅游资源，因为它们已经渗透到人们的生活中，所以很多人会将其当作习以为常的事物，但对于其他地区的人而言，这些事物也许具有很强的吸引力。当然，开发潜在的旅游资源存在一定的风险，所以开发之前应做好权衡，即成本与效益的权衡，切忌盲目开发，反而适得其反。

（四）依据旅游资源的管理等级分类

依据旅游资源的管理等级可分为世界级乡村旅游资源、国家级乡村旅游资源、省级乡村旅游资源和市级乡村旅游资源。将乡村旅游等级按照管理等级分类便于掌握旅游资源的重要程度及其可能对游客产生的吸引力。

1.世界级乡村旅游资源

世界级乡村旅游资源属于最高等级的旅游资源，这些资源能为一种已消逝的文明或文化传统提供一种独特的、特殊的见证，或者代表一种独特的艺术成就，或者展示出人类历史上一个（或几个）重要阶段。世界级乡村旅游资源大多被选入《世界遗传名录》中，如皖南古村落——西递、宏村，它们的村落选址、布局和建筑形态，都以周易风水理论为指导，体现了"天人合一"的中国传统哲学思想和对大自然的向往与尊重，那些典雅的明、清民居建筑群与大自然紧密相融，创造出一个既合乎科学，又富有情趣的生活居住环境，是中国传统古村落的精髓。

2.国家级乡村旅游资源

国家级乡村旅游资源在全国具有较高的知名度，且具有该级别旅游资源的乡村大多发展为全国乡村重点旅游村镇，为带动当地经济发展以及农民就业发挥了积极的作用。以安徽省为例，安徽省文化和旅游厅、安徽省发展和改革委员会在2021年联合公示了安徽省的全国乡村旅游重点村镇，具体如表5-1所示。

表5-1　安徽省全国乡村旅游重点村镇

安徽省全国乡村旅游重点村	黄山市徽州区潜口镇唐模村
	滁州市南谯区施集镇井楠村
	芜湖市湾沚区六郎镇官巷村
	池州市青阳县朱备镇将军村
	安庆市岳西县河图镇南河村
	淮北市杜集区矿山集街道南山村
	蚌埠市怀远县龙亢镇龙亢村
安徽省全国乡村旅游重点镇	黄山市黟县宏村镇
	安庆市潜山市天柱山镇
	芜湖市湾沚区红杨镇

3.省级乡村旅游资源

省级乡村旅游资源通常在本省内具有较高的知名度，在省外的知名度相对较低，所以依靠省级乡村旅游资源发展的旅游村主要吸引"3小时经济圈"内的游客，游客也大多以自驾的方式为主。同样以安徽省为例，依靠省级乡村旅游资源发展起来的示范性乡村有一百余家，具体名单可参见安徽省文化和旅游厅2020年3月25日公布的《安徽省百家乡村旅游（扶贫）示范村名单》，笔者在此便不再列举。

4.市级乡村旅游资源

相较于前三者而言，市级乡村旅游资源的知名度较低，一般对本市范围内的游客具有较强的吸引力。市级乡村旅游资源的数量相对较多，且规模一般不大，虽然其产生的综合效益不如前三者，但覆盖的范围较大，惠及的农民较多。就目前我国市级乡村旅游资源开发现状来看，由于地理因素的限制，市级范围内旅游资源的差异性较小，这导致乡村旅游产业发展存在较高的同质化现象，因此如何特色化是市级乡村旅游资源开发应该思考的一个关键问题。

第二节　乡村旅游资源的开发

一、乡村旅游资源开发基础

（一）乡村旅游资源开发的原则

1.开发保护相结合原则

乡村旅游资源的开发为旅游产业发展提供了必要的资料，但因为乡村中很多旅游资源都是不可再生的，面对这些不可再生的资源时，应秉承开发与保护相结合的原则。开发是目的，也是发展旅游产业的必然途径，但必须要坚持保护这个前提，尤其在面对不可再生的旅游资源时，更要始终坚持保护的原则，否则不仅会对当地的生态环境、文化环境等造成影响，更会影响旅游产业的成就发展，这显然违背了可持续发展的理论。

2.效益综合性原则

乡村旅游产业具有经济、文化、社会、生态等综合性的效应，这是很多产业所不具备的特点，也是乡村大力发展旅游产业的一个原因。就乡村旅游产业的经济属性来看，经济效益最为突出，也最受人们关注，但经济仅仅只是一方面，我们不能只追求经济上的效益，只从经济的投入、产出评估旅游资源的开发，这样显然是片面的。一个地区的发展，经济只是一个部分，社会、文化、生态等都会影响其整体发展，因此应从宏观的角度，综合考虑乡村旅游资源开发的综合效益。另外，就旅游产业而言，其经济效益本身也受文化、社会、生态等多种因素的影响，当文化、社会、生态等因素产生正向的效益时，自然也会刺激经济效益的提高。因此，无论是从产业发展的微观视角看，还是从地区发展的宏观视角看，乡村旅游资源的开发都应该坚持效益综合性的原则。

3. 特色性原则

乡村旅游资源的特色性是其吸引人们的一个重要原因，这是乡村旅游的魅力所在。在开发乡村旅游资源时，要保持乡村旅游资源的特色性，展示乡村特有的风景和民俗，让游客体验乡村旅游的独特之处。当然，在开发乡村旅游资源时，出于某些特殊的原因，可以对乡村旅游资源进行适当的加工改造，但这种改造一定不能抹杀乡村旅游资源原有的特色，要在原有特色美的基础上进行科学、合理的人工改造，这样才能起到锦上添花的作用。

（二）乡村旅游资源开发的意义

1. 促进城乡文化的交流

由于历史、经济、生态环境等方面的不同，造就了城市文化与乡村文化的不同。生活在城市中的人，对乡村文化不甚了解，而生活在乡村的人对城市文化也不是十分了解。虽然，随着社会的不断发展，城市文化与乡村文化开始出现碰撞，生活在城市与乡村中的人也开始对彼此的文化有了一定的了解，但这种了解更多地还停留在表面上。乡村旅游资源的开发，能够促进乡村旅游的发展，能够让更多生活在城市中的人进一步了解乡村文化；与此同时，生活在乡村中的人通过与前来旅游的人交流、沟通，也能够进一步了解城市文化。从乡村振兴战略可知，城乡融合发展是乡村发展的一个途径，而城乡文化的交流对推动城乡融合、推动乡村振兴无疑具有非常积极的意义。

2. 推动乡村经济的发展

正所谓经济基础决定上层建筑，就乡村而言，近些年虽然在一系列的政策支持下，乡村经济发展取得了不错的成果，但与城市相比，仍然有一定的差距，所以还需要进一步推动乡村经济的发展。乡村旅游资源的开发能够带动乡村旅游产业及其相关产业的发展，而这些产业的发展除了能够带动乡村经济的发展之外，还能够促进乡村劳动力就业，进而提高当地农民的经济收入。

3. 促进乡村文化的保护传承

关于乡村文化，笔者在前面做了系统的论述，这是乡村重要的旅游资源，通过合理开发这些资源，不仅能够促进当地旅游产业的发展，还能够借助旅游渠道向外传播当地的特色文化。就文化而言，价值是其存在的一个重要因素，在现代化社会中，乡村文化中的很多文化价值已经逐渐被人们淡化，这是造成乡村文化衰落，甚至消亡的一个重要原因，也是我们必须要正视的一个原因。而将乡村文化开发成旅游资源，能够直观地提升其价值，并且当这些乡村文产生一定的影响力后，其内在价值也会被逐渐挖掘，这对于乡村文化的保护与传承而言意义重大。

4.带动乡村旅游产业及其相关产业的发展

乡村旅游资源是乡村旅游产业发展的重要资料，与城市旅游资源相比，乡村旅游资源没有科技属性，但却拥有文化属性、民族属性，这些才是乡村旅游资源的特色，也是乡村旅游资源的魅力所在。但乡村旅游资源也存在开发难度大、开发周期长等缺点，这些都限制了乡村旅游产业的进一步发展。随着游客对乡村旅游热情的逐渐提高，市场需求被逐渐扩大，越来越多的乡村旅游资源将会被开发，进而带动乡村旅游产业及其相关产业的进一步发展。

（三）乡村旅游资源开发的基本流程

乡村旅游资源开发大致分为三个阶段：调查研究阶段、统筹规划阶段和推进实施阶段，其基本流程如图 5-2 所示。

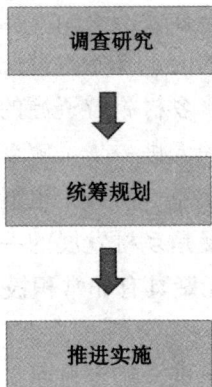

```
┌──────────────┐
│   调查研究    │
└──────────────┘
        ↓
┌──────────────┐
│   统筹规划    │
└──────────────┘
        ↓
┌──────────────┐
│   推进实施    │
└──────────────┘
```

图 5-2 乡村旅游资源开发基本流程

1.全面且深入的调查研究

旅游资源开发是发展乡村旅游的基础，是否可以开发，应该怎样规划开发计划，这些都需要对旅游资源进行调查后才能够确认。因此，乡村旅游资源开发的第一步应该是对乡村旅游资源进行深入且全面的调查。调查前期可联合该地农业、林业、交通、旅游等部门获取相关的资料信息，从中挖掘有价值的信息。然后，结合各部门提供的信息进行实地考察，包括对乡村旅游资源、文化、经济、社会环境等各方面的考察。在资料收集完后，对乡村旅游资源以及旅游项目进行分析、论证，确定旅游资源开发的可行性以及旅游项目成立的可行性。

2.统筹规划

乡村旅游资源开发是一项需要做长期考量的工程，需要对乡村旅游资源做广度、关联度、组合度以及开发条件等综合性的考量，这就需要在开发前对乡村旅游资源做全面的统筹与规划。具体来说，乡村旅游资源开发前期的统筹规划主要包括旅游规划设计区的基本内容、旅游规划设计需要的技术资料和图文资料、旅游规划设计专家系统、旅游规划设计工作的主要内容、时间的安排、经费预算等。

3.推进实施

在对旅游资源开发进行统筹规划之后，便可以按照规划推进实施，而在具体落实的过程中，主要从如下几个方面着手。

（1）旅游项目建设。乡村旅游资源开发的首要目标是建立相应的旅游项目。旅游项目是促进乡村旅游发展的基础，也是吸引游客的关键所在。在旅游项目建设时要保持当地的文化特色，凸显当地的优势，制造不同类型的旅游产品，尽可能避免同质化现象的出现。

（2）基础设施建设。旅游是一项复杂的社会性活动，仅仅有旅游项目并不能对游客形成完全的吸引力，还需要较为完善的基础设施支撑。目前，在乡村振兴战略的指导下，乡村基础设施建设不断趋于完善，尤其在交通、通信等方面的建设，已经取得了不错的成效，这为乡村旅游的发展奠定了良好的基础。但就旅游而言，基础设施还包括吃、住、游等方面，这就需要发展旅游产业的乡村进一步加强吃、住、游等相关方面的基础设施建设，从而为游客提供良好的旅游体验。

（3）科学的管理。科学的管理是确保乡村旅游资源开发规划精确落实的关键。在乡村旅游资源开发的过程中，有时会出现具体落实与规划不匹配的情况，进而导致旅游资源开发以及后续旅游产业的发展没能达到预期的效果。因此，为了避免具体实施过程中出现越位操作、过度开发情况的出现，必须要进行科学的管理，保证开发人员严格按照规划落实。

二、不同类型乡村旅游资源的开发

（一）乡村山地旅游资源的开发

1.乡村山地旅游资源开发的模式

就国内乡村山地旅游资源开发的模式来看，依据不同的标准，有不同的开发模式。

（1）研究山地旅游目的地的不同。依据山地旅游目的地的不同，可分为一般自然风景区山地旅游和历史风景名山山地旅游。一般自然风景区山地通常没有深厚的历史文化底蕴，但却具有丰富的山地旅游资源，其优美的山地生态环境对游客而言具有非常大的吸引力，所以该种类型旅游资源的开发一定要注重山地的生态环境，不能对山地生态环境造成危害，确保可持续的发展。历史风景名山除了具有良好的山地生态环境之外，还具有深厚的历史文化内涵。对于深受传统文化影响的中国人而言，这些深厚的历史文化内涵是一种精神和文化的象征，所以历史风景名山山地旅游也可以看作是一种文化旅游。[①]

（2）依据山地旅游活动类型的不同。依据山地旅游活动类型的不同，可分为山地观光、山地观光和生态休闲相结合两种形式。山地观光是传统的山地旅游形式，以观光游览为主要内容，这种旅游模式的参与性和休闲性较少，旅游资源的开发主要围绕山地资源，很少站在游客的角度进行思考。而山地观光和生态休闲相结合的形式则在考虑山地资源的同时，也考虑到了游客的旅游体验，为了让游客获得更好的旅游体验，除了观光项目之外，还增加了一些休闲项目，让游客在"游"与"玩"的结合中得到更好的旅游体验。

2. 乡村山地旅游资源开发策略

从我国当前乡村山地旅游资源开发的实例来看，有些乡村山地旅游资源虽然取得了成功，在保持生态平衡的基础上带动了当地经济的发展，但也存在一些山地旅游资源过度开发影响生态环境的例子。因此，为了实现山地旅游资源可持续发展，笔者提出如下几点建议。

（1）尊重自然规律。在我国农业发展的几千年时间里，认识自然规律、尊重自然规律是我们始终遵循的原则。在现代化社会中，虽然人类的科学技术在不断发展和进步，但尊重自然规律这一原则不能改变。在乡村山地旅游资源开发中，同样要尊重自然规律，根据山地的地理环境与生态区位，因势利导，保护性地进行开发，尤其对一些生态环境脆弱的地区，小小的改造都有可能对生态环境造成破坏，这不仅不利于旅游产业的可持续发展，甚至还会因此诱发不可挽回的损失。因此，在乡村山地旅游资源的开发中，要充分认识并尊重自然规律，构造人与自然和谐相处的环境。

（2）多角度进行开发。山地旅游资源的美是多层次、多角度的，山地旅游资源的开发要认识到这一点，从多个角度对乡村山地旅游进行开发，从不同的

---

① 许春霞. 山岳型旅游地生态旅游评价与规划研究 [D]. 上海：同济大学，2007.

层面向游客展示当地山地资源的美，从而提升对游客的吸引力。然而，就目前乡村山地旅游资源开发的现状来看，很多地方都没有认识到这一点，旅游资源开发模式单一，这样不仅造成了资源的浪费，还降低了对游客的吸引力，不利于当地旅游产业的发展。事实上，就山地而言，其景观变化多端，在不同季节、不同时段，其景观呈现的样貌可能天差地别，如果能够将这些向游客呈现出来，必然能够收到不错的效果。例如，浙江雁荡山灵峰的夜景，其朦胧之美妙不可言，该景区对其夜景进行了开发，并将其打造成雁荡山的三绝之首，为游客津津乐道。

（3）自然人文价值融合发展。由于受传统山水文化的影响，人们对山地不自觉地会形成一种心理定式的观赏习惯，如"天人合一"的思想观念、含蓄隐藏式的心理倾向等。此外，有些山地也存在一些历史文化古迹，这些古迹更增加了山地的历史文化底蕴。因此，在开发乡村山地旅游资源时，要注重将其自然价值和人文价值结合起来，让游客在游玩的过程中，同时感受到自然的生态美以及人文的底蕴美。

（4）合理设计旅游线路。有些地区的山地旅游资源较少，在设计旅游线路时，可以将所有的资源规划到一条线路中，游客通过一条线路便可以观赏到该景区的全部景观。但有些地区的山地旅游资源非常丰富，一条线路不能将全部的资源囊括在内，这时就需要结合旅游资源设计多条旅游线路。不同的游客有着不同的旅游需求，为了满足游客的旅游需求，在设计路线时应突出不同路线的特点，让游客结合自身需求选择自己喜欢的路线。

（二）乡村古村落旅游资源的开发

1.乡村古村落旅游资源开发模式

目前，我国乡村古村落旅游资源开发模式依据开发主体的不同分为政府主导型、社区主导型、企业主导型和混合开发型四种模式。

（1）政府主导型。政府主导型开发模式是由政府投资开发，因为很多古村落知名度较低、基础设施建设较为落后，企业不愿意投入资金，所以只能由政府主导进行前期的开发工作。在该模式中，政府发挥主导作用，指导相关工作的落实，并予以监督，保证乡村旅游资源开发工作科学有序进行。

（2）社区主导型。社区主导型开发模式是由古村落的村民与村委会自筹资金、自主开发。在该模式中，乡村自主设立旅游公司，公司负责旅游资源开发、旅游宣传、设施维护等一系列的工作，村民共同分配集体收入。

（3）企业主导型。企业主导型开发模式是由某个企业或多个企业投资开发，企业负责旅游资源开发、旅游宣传、设施维护等一系列的工作。该种模式一般采用租赁经营的形式，企业租赁古村落的旅游资源，然后付给村民租赁费用，或者采用收入分成的形式。

（4）混合开发型。混合开发型模式表现为政府、企业、村民共同参与其中，政府负责制度设计、政策支持和市场监督，企业负责资金投入和后续的开发、建设工作，村民参与经营。这种混合开发型的模式综合了上述几种开发模式的优点，是当前及今后应大力提倡的开发模式。

2.乡村古村落旅游资源开发策略

古村落是乡村旅游中的重要旅游资源，具有深厚的历史底蕴与文化底蕴，如何在保持其文化底蕴和历史底蕴的基础上开发该旅游资源，是需要着重思考的一点。

（1）维持古村落原始风貌，进行适当修缮。古村落的原始风貌能够反映该乡村的历史底蕴，在进行开发时，应尽可能维持古村落的原始风貌，这样能够为游客呈现最真实的古村落景观。当然，由于种种原因一些传统建筑已经有不同程度的破损，需要对其进行适当的修缮。在修缮时，需要对村落的古建筑进行摸底调查，了解现存古建筑的保存情况，包括破损程度、修缮需要的工作量等，然后聘请专业的建筑单位制订详细的修缮计划，最后在尽可能保持传统建筑原貌的基础上进行适当的修缮。

（2）发挥传统民俗价值，强化古村落文化内涵。古村落具有历史价值和文化内涵，其文化价值不仅通过古建筑本身呈现，还通过当地的民俗文化呈现。就古村落而言，如果传统民俗文化消逝，那么存留下的古建筑只能是没有软文化的空壳，其对游客的吸引力必将大大降低。因此，在开发古村落旅游资源时，不能只关注"死"的传统建筑，还需要关注"活"的传统民俗，以此强化古村落的文化内涵。

（3）充分利用古村落自然环境资源，营造自然和谐氛围。很多传统古村落在选址及其布局上彰显了"天人合一"的传统价值观，虽然随着时间的流逝，古村落的自然环境在不断改变，但我们仍然能够从古村落的自然环境中看到前人智慧的痕迹。因此，在开发乡村古村落旅游资源时，应充分利用古村落的自然环境资源，营造自然和谐的氛围，从而将古村落旅游与生态旅游融为一体。

（4）统筹古村落与新村的建设工作，构建完善的旅游体系。古村落的开发应以保护为前提，且为了维持古村落的原貌，古村落很少会进行基础设施建设，所以古村落并不能作为服务游客的场所。如今，很多古村落采取古村落与新村共生的模式，即利用古村落吸引游客，用新村较为完善的基础设施建设服务游客，这样既可以满足发展旅游业的需求，又可以达到保护古村落的目的，可谓一举两得。

（三）乡村民俗文化旅游资源的开发

1. 乡村民俗文化旅游资源开发模式

针对乡村民俗文化旅游资源的开发，目前我国主要有如下两种模式。

（1）直接利用当地民俗文化资源进行开发。该类开发模式依托当地的民俗文化，不改变原有居民的生活轨迹，游客可以直接进入乡村内，直观地体验当地的民俗文化，获得最为真实的文化体验。尹绍亭曾指出，民族文化生态村"不是一座人工建设的文化展馆和设施，而是以现实社会中具有浓厚的文化沉积和浓郁文化色彩的典型社区或乡村为对象的文化保护展示区，即文化生态村必须是现实存在的活文化与孕育产生此文化的生态环境的结合体，它一改以往使文化脱离原生地的保护方式，而实行彻底的文化原地保护主义"。①

（2）建设民俗文化村集中呈现。该种开发模式是将民俗文化集中到一个新建的旅游景区内，景区通过展示民间手工艺、民俗风情表演等多角度地向游客展示传统民俗文化，让游客在短时间内便可以充分感受到民俗文化与民俗风情。例如，建于深圳的中国民俗文化村便是一个荟萃各族民俗义化的大型文化旅游景区，该景区内含有 27 个民族与 27 个村寨，均按照 1∶1 的比例建成，较为完整地呈现了各民族的民俗文化。

2. 乡村民俗文化旅游资源开发策略

民俗文化作为重要且独具特色的旅游资源，在开发时应着重思考如下几点。

（1）做好全面、系统的评估。民俗文化不同于其他旅游资源，具有深厚的文化属性，开发前应做好全面、系统的评估，合理开发、充分利用。第一，需要对民俗文化的旅游价值进行评估，民俗文化作为旅游资源被开发，首先要评估其旅游价值，即能否为旅游产业的发展带来综合性的效益。第二，需要对民俗文化的旅游市场进行评估，即对游客的类型、游客的来源、游客的消费水平、周围与之相配套的旅游资源等进行分析，市场需求是民俗文化旅游资源开发的一个重要的着眼点。

（2）遵循原生态的开发原则。原生态的民俗文化才能彰显当地文化的特

---

① 尹绍亭.民族文化生态村云南试点报告[M].昆明：云南民族出版社，2002：56.

色，也才能对游客产生较强的吸引力，尤其在文化旅游趋于同质化的今天，如何发挥当地旅游资源的特色，是旅游资源开发时需要考虑的问题。显然，遵循原生态的开发原则，将当地的民俗文化原汁原味地呈现给游客，是彰显当地文化特色的重要途径。

（3）坚持可持续发展。坚持可持续发展，不仅要将民俗文化作为旅游资源进行开发，更要将民俗文化作为文化资源进行保护和传承。民俗文化是乡村文化的集中体现，在长时间的发展中，已经融入乡村人民的生产生活之中，它是一种"活"的文化，是一种需要保护和传承的文化。开发民俗文化时不能将其当作一种"死"的文化，仅仅将其生硬地展示给游客，这样既不利于民俗文化的保护与传承，又不符合可持续发展的理念。因此，在开发民俗文化时，要进一步弘扬民俗文化，让更多居民加入民俗文化保护与传承的队伍中，从而使民俗文化旅游在民俗文化的持续传承中实现可持续发展。

（四）乡村农业旅游资源的开发

1. 乡村农业旅游资源开发模式

以农业作为旅游资源是目前乡村旅游模式中较为常见的一种，因为农业资源是乡村最基本的资源，也是大多数乡村所具备的资源。目前，我国针对乡村农业旅游资源开发的模式主要有如下两种。

（1）生态农业园开发模式。生态农业园不同于传统的农业园地，其建设是基于生态、环保的绿色理念，在发展上遵循生态价值与社会价值相融合。生态农业园在注重农业产品生产的同时，也注重给参观人员带去休闲观光的旅游享受。

（2）主题农业园开发模式。主题农业园借鉴的是主题公园的建设理念，突出的是"主题"二字。与生态农业园不同，生态农业园突出的农业生态的整体性，而主题农业园突出的是农业的某一个主题。比如，蔬菜主题农业园，里面的农作物主要为蔬菜，可以规划蔬菜观赏区、蔬菜种植体验区和蔬菜文化区三个区域。在蔬菜观赏区种植各种类型的蔬菜，在蔬菜体验区可以体验蔬菜种植、采摘，在蔬菜文化区介绍蔬菜的发展历史。主题农业园不仅能够为游客带来视觉上的盛宴，还可以给游客带来亲身体验，并增长见识，其深受游客的喜爱。

2. 乡村农业旅游资源开发策略

（1）突出农产品的绿色生态。农产品是重要的农业旅游资源之一，在农业旅游中，采摘农产品是农业旅游中的一项休闲体验方式。对于游客而言，绿色农产品具有非常强的吸引力，如果在开发农业旅游资源时，能够突出农产品的绿色生态性，无疑能够满足游客对绿色农产品的需求。试想，游客在休闲旅游中，能够自己采摘农产品，并品尝自己采摘的农产品，其体验感将远远超过传统的农业观光旅游，再加上绿色农产品对心理上的满足，其体验感将会进一步提升。

（2）始终以农产品为基础。农业旅游是以农业生产为基础，为其附加了休闲旅游的价值，从而使农业生产的综合收益得以提高。在农业旅游中，农业生产是基础，而农业生产的基础是农产品，没有农产品，农业生产只是一个空壳，也就无法发挥其价值。无论是传统的农业观光旅游，还是新兴的农业体验旅游，都是围绕农产品展开的。因此，在开发农业旅游资源时，不能忽视了农产品这一基础资源而去舍本求末，这样反而会失去农业旅游的本色。

（3）充分发挥农业旅游资源的丰富性。我国具有几千年的农业发展历史，形成的农耕文化可谓丰富多彩。就农业旅游的资源来说，有种植业资源、畜牧业资源、林业资源、渔业资源等，而且每一类资源的品种也非常多，这就为农业旅游的发展提供了丰富的旅游资源。另外，就农业旅游的服务形式来讲，有观赏型、购物型、体验型、娱乐型等，开发农业旅游资源时，可以以某种形式为主，也可以将几种形式融合起来，以此凸显农业旅游的丰富多彩。

第三节　乡村旅游资源的保护

一、乡村旅游资源开发与保护的辩证关系

（一）开发与保护相互联系、相互依存的关系

在前文，笔者多次提及保护性开发这一理念，在这一理念中，保护与开发融合到了一起，很好地说明了保护与开发是相互依存、相互联系的关系。在保护性开发中，保护在前，开发是为了更好地保护，任何开发行为都不能以破坏为前提，否则便违背了保护性开发的初衷。另外，旅游产业追求的是可持续发展，破坏性地开发显然不能满足可持续发展的要求，因此必然要以保护为前提。

但是，当我们把"开发"与"保护"看作两个动词时，则是开发在前（是

前提)，保护在后(是目的)，因为只有开发，才能凸显资源的价值，也才能使资源得到更好的保护。以乡村中旅游资源中的乡村文化为例，价值是其存在的一个重要因素，在现代化社会中，乡村文化中的很多文化的价值已经逐渐被人们淡化，这也是造成乡村文化衰落甚至消失的一个重要原因。而将乡村文化开发成旅游资源能够直观地提升其价值，并且当这些乡村文化产生一定的影响力后，其内在价值也会被逐渐挖掘，这无疑有助于乡村文化的保护。

总而言之，保护乡村旅游资源是我们必须要坚持的原则，但在具体的落实中，我们不能只推崇博物馆式的保护方式，还需要结合开发的方式，因为开发也是保护的一种途径，二者并不是对立的，而是相互联系、相互依存的关系。

(二)开发与保护相互矛盾的关系

开发与保护在相互联系、相互依存的同时，又是相互矛盾的。就乡村旅游资源的开发而言，开发不可避免地会对其造成某种程度的破坏，尤其对于一些原始的生态环境而言，开发便代表着外力的介入，当外力介入之后，必然会打破原有的生态平衡，进而对原生态环境造成破坏。此外，伴随乡村旅游资源的开发而发展起来的旅游产业会吸引大量的游客，而游客的不文明行为，如乱丢垃圾、乱画乱刻等，会对当地的生态环境造成破坏。与此同时，游客带来的文化也会对当地的民俗文化造成冲击，这也会破坏当地旅游资源。为了避免上述情况的出现，可以采取更多的保护措施，但过度地保护无疑会妨碍开发，因为乡村旅游资源的开发除了要考虑资源本身之外，还应该考虑市场，这就不可避免地会与资源保护产生矛盾。

综上所述，乡村旅游资源的开发与保护之间的关系是复杂的，我们不能简单地用二元对立的关系去看待它们，而是应该辩证地看待二者的关系，只有正确认识这种关系，才能更好地开发和保护乡村旅游资源。

二、乡村旅游资源遭受破坏的原因

要想有效地保护乡村旅游资源，首先要对乡村旅游资源遭受破坏的原因有一个清楚的认知。虽然造成我国乡村旅游资源破坏的原因是复杂的，但概括而言，可以归纳为自然与人为两大因素。

(一)自然因素

由于自然因素导致乡村旅游资源遭受破坏的情况并不少见，其中较为常见的情况有如下几种。

1.自然灾害

自然灾害是人类赖以生存的自然界中所发生的异常现象，分为突发性灾害，如地震、洪涝、泥石流等；渐变性灾害，如干旱、地面沉降、土地沙漠化、海岸线变化等。[①]渐变性自然灾害因为发生周期较长，我们可以通过人工进行干预，从而最大限度地降低其危害程度。而突发性自然灾害因为难以预测，发生时往往会对乡村旅游资源造成较大的破坏，有时甚至会造成毁灭性的破坏。比如，一旦发生级数较高的地震，便极有可能破坏乡村的古建筑与生态环境，从而使乡村旅游资源遭受重大破坏。

2.生物性破坏

生物性破坏在农业旅游资源中较为常见，即农、林、牧、渔等旅游资源遭受害虫的破坏。农业旅游依赖农、林、牧、渔等资源，但这些资源容易受到害虫的破坏。比如，以森林草原为主要旅游资源的西北部地区常年发生鼠害，这对当地的畜牧业以及依靠畜牧业发展的旅游业造成了严重的影响。生物性破坏还体现在动物对历史建筑物的损害上，虽然并不常见，但却偶有发生。例如，"国家级历史文化名村"山头下村的一些古建筑曾遭受白蚁大面积侵蚀，对古建筑的安全构成了极大的威胁。对于生物性破坏的预防，我们能够人为进行干预，尤其随着科学技术的不断发展，一些防治虫害的高科技手段不断涌现，这为乡村旅游资源的保护提供了科学技术支持。

（二）人为因素

相较于自然因素而言，人为因素更值得引起我们的关注，一是人为因素是造成乡村旅游资源遭受破坏的主要因素，二是人为因素造成的破坏可以通过一些措施去干预。人为因素是复杂的，其中较为明显的有如下几种。

1.开发因素

随着乡村旅游的热度不断上升，越来越多的乡村旅游资源被开发，而在开发的过程中，很多开发者对于开发和保护的关系没有一个深刻的认知，盲目地进行开发，或者进行过度的开发，导致乡村旅游资源被破坏。从上文笔者对开发与保护关系的论述中可知，开发并不是独立的行为，它应该和保护紧密地联系到一起，但很多时候，开发者并没有认识到这一点，仅仅是为了开发而开发，这是导致乡村旅游资源遭受破坏的一个重要原因。此外，有些开发者在开

---

① 陈焱.卫生监督应对突发公共卫生事件实用手册[M].北京：科学技术文献出版社，2012：148.

发本地旅游资源时，一味地跟风模仿，抹去了当地旅游资源的特色，这给乡村旅游资源带来了质的破坏。

2. 旅游活动因素

旅游活动因素包括游客的活动和经营者的活动。随着旅游资源的开发，游客的数量也会不断增加，大量的游客活动不可避免地会对旅游资源造成影响，再加上有些游客环保意识较差，在游玩的过程中常常会出现乱丢垃圾、乱写乱刻等情况，进而加重了游客活动对旅游资源的破坏。而景区的经营者为了满足游客吃、住、玩等方面的需求，需要建设酒店、饭店等接待设施，这些设施会产生大量的生活垃圾和生活污水，如果处理不当，必然会对生态环境造成影响。旅游活动的产生是一种必然，一些对旅游资源造成危害的因素我们也很难避免，但通过采取一定的措施，我们可以将大部分因素带来的危害降到最低，甚至消除。

3. 城市化因素

城市化因素的影响体现在两个方面。一方面，在城市化建设的理念下，为了满足城市化建设的需求，一些村落被迫迁移，但村落的迁移并非易事，那些不易迁移的古建筑最终只能面临被拆掉的命运。在现代社会中，城市化建设是一种必然，我们无法简单地对城市化建设中拆除古建筑这一现象下一个是非对错的定论，但古村落传统建筑作为保存了几十年甚至数百年的历史遗存，如何在时代的浪潮下为其提供更加全面的保护是我们应该思考的问题。另一方面，随着城市化进程的不断加快，城市文化的影响力也在不断扩大，甚至渗透到乡村中，这对传承了几百年，甚至数千年的乡村文化产生了巨大的冲击。的确，在城市化浪潮的冲击下，以土地为依赖、以农耕生产方式为支撑、以血缘地缘关系为经纬的传统乡村社会面临解构。人们不再主要依靠土地和农业生产经营来维持生计，再加上人口流动和职业分化，乡村空心化现象越来越严重。总之，乡村肌理的慢慢褪去与乡村空心化时刻在提醒着我们城市化可能会给乡村旅游资源带来质的破坏。

三、乡村旅游资源保护的具体策略

乡村旅游资源对乡村旅游产业、乡村经济发展起着重要的作用，同时影响着乡村整体的生态环境。加强对乡村旅游资源的保护，不仅有助于实现乡村旅游的可持续发展，还有助于保护乡村的生态环境，促进乡村振兴。

（一）做好乡村旅游资源开发阶段的工作

开发是导致乡村旅游资源遭受破坏的一个重要因素，但通过笔者前文对资源开发与保护关系的论述可知，虽然开发不可避免地会对旅游资源造成破坏，但开发同时是保护旅游资源的一个有效途径，所以如何在开发阶段最大限度地减少开发对乡村旅游资源的影响是至关重要的一点。

首先，应加强乡村旅游资源开发的前期论证工作，包括资源开发可行性的论证、旅游市场论证。乡村旅游资源开发可行性的论证是基础，如果论证结果为不可行，那么便不能强行地进行开发；旅游市场论证是为了保证乡村旅游资源的价值得到更加有效的利用。总之，乡村旅游资源的开发不能是盲目的，需要在开发前期进行充分的论证，避免无序、不科学开发带来资源的破坏。

其次，做好乡村旅游资源开发前的科学规划与合理布局。在对乡村旅游资源进行充分的论证后，还需要对要开发的区域进行科学规划与合理布局。科学的规划可以减少乡村旅游资源开发的盲目性，降低资源的闲置率，并减少由于盲目开发导致的不必要的资源破坏。合理布局则可使现有资源得到最大限度地利用，如通过设计旅游线路，将该区域内大部分的旅游资源囊括到该线路中，让游客花费较少的时间便可以得到较好的旅游体验。

最后，加强乡村旅游资源开发阶段的监管工作。在乡村旅游资源开发的过程中，有些企业因为不合理的施工，导致旅游资源被破坏。其实，这些破坏完全是可以避免的，但在缺乏监管的情况下，企业为了节省成本，常常会采取一些不科学的手段。因此，还需要加强对乡村旅游资源开发阶段的监管工作，避免出现因为不合理施工而导致旅游资源被破坏的情况。

（二）强化乡村旅游资源保护的立法工作

强化乡村旅游资源保护的立法工作就是要用法治的手段规范旅游管理者、旅游经营者和游客的行为。就环境保护而言，虽然我们提倡用素质约束，即以提高社会大众的环保意识为主，但法治依旧不可或缺。世界上很多国家都非常重视环保方面的立法工作，比如，美国于 1969 年制定《国家环境政策法》，加拿大于 1988 年制定《环境保护法》，日本于 1967 年制定《公害对策基本法》，并于 1993 年修改为《环境基本法》，等等。由此可见，各国对环境保护立法工作都十分重视。

针对环境保护问题，我国在 1989 年制定了《中华人民共和国环境保护法》，并在 2014 年针对该法律条文进行了修订。《中华人民共和国环境保护法》制定的目的在于保护和改善环境，防治污染和其他公害，保障公众健康，推进生态文明建设，促进经济社会可持续发展。《中华人民共和国环境保护法》是从宏观角度针对环境保护制定的法律，具体到旅游资源保护上，则有《中华人民共和国草原法》《中华人民共和国森林法》《风景名胜区管理条例》等法律法规。其中，《风景名胜区管理条例》在自然旅游资源的保护上发挥了重要的作用。当然，上述法律法规并没有具体到某些地方，所以针对乡村旅游资源保护的具体工作，还需要不同地区结合当地的实际情况制定更为具体的法规。

（三）提升社会大众的环保意识

随着大众生活水平的不断提高，人们对精神文化的需求愈加凸显，而旅游作为一项可以满足社会大众精神文化需求的社会性活动，备受社会大众的喜爱。但是，就目前社会大众的环保意识来看，仍旧较为薄弱，这也是导致乡村旅游资源遭受破坏的一个重要原因，所以面对人们不断高涨的旅游热情，提高社会大众的环保意识就显得刻不容缓。

一方面，应加强环保宣传教育，提升社会大众对环保的认知。环保意识的提升源于对环保的认知，然而，目前很多人对于环保都是一知半解，没有认识到环保的重要性，也没有认识到环保与自身的关系。因此，应从普及环保知识着手，加强环保宣传教育，如通过电视、广播、互联网等多个渠道，广泛普及环境保护知识，大力宣传生态环境恶化对人类的危害，让人们逐渐认识到环保的重要性和紧迫性，并逐步实现被动环保到主动环保的转变。

另一方面，应加强环保政策教育，提升社会大众的环保法治意识。强化旅游资源保护的立法工作是为了从立法角度规范社会大众的旅游活动，相关法律法规约束的主体是社会大众，只有社会大众对法律法规有一个清晰的认知，才能更好地遵守。然而，目前很多人对于环境保护相关法律的认识多是一知半解，这使环保相关法律的效用大大降低，因此，要结合当地居民环保法律认知现状，采取贴近民众、符合实际的方式，向社会大众宣传环保相关的法律法规，从而在全社会营造浓厚的环保法治氛围。

游客是旅游活动的主要参与者，游客的旅游活动对乡村旅游资源产生的影响是不可避免的，但我们可以通过提升社会大众的环保意识，将游客活动对乡村旅游资源造成的影响降到最低，从而在每一位游客积极的行为下实现对乡村旅游资源的保护。

（四）加强对旅游活动的监管

旅游活动的监管主要是面向旅游经营者，即约束旅游经营者的行为，最大限度降低旅游经营者对乡村旅游资源的危害。在前文，笔者也指出了旅游经营者对乡村旅游资源造成的危害，如酒店、饭店不按照规定排放生活污水，不将生活垃圾放置到指定地点等，这些行为多是旅游经营者为了降低经营成本所致，但这些行为对旅游资源造成的危害却是巨大的，所以要加强相关方面的监督，严格要求旅游经营者将生活垃圾放置到指定地点，并将生活污水处理达标后再进行排放。此外，有些景区为了提高门票收入，不限制景区旅游人数，大量游客的涌入超出了景区承受的限度，导致各景点超负荷运转，最终对旅游资源造成了永久性的危害。针对这种行为，同样要加以监管，限制景区人数，让景区内的旅游资源得到修复的机会，同时辅以人工措施，加快旅游资源的恢复进程。

四、乡村旅游资源保护的典型案例

保护乡村旅游资源是乡村旅游可持续发展的基础，同时是保护乡村生态环境的重要举措。在此，笔者以安徽黄山风景区为例，简要阐述其保护措施。

（一）黄山风景区旅游资源保护的相关法规

由于我国幅员辽阔，不同地区之间差别较大，因此不同地区大多依照《风景名胜区管理条例》，并结合当地的实际情况制定了地方性的法规。安徽省针对黄山风景区在 1997 制定并通过了《黄山风景名胜区管理条例》，在 2018 年 9 月 29 日进行了修订，结合时代发展特征对其进行了完善。《黄山风景名胜区管理条例》在加强对风景名胜区的管理，有效保护和合理利用风景名胜资源等方面发挥了重要的作用，同时对其他地区自然风景区法规的制定也具有一定的参考价值。

（二）加强黄山景区自然资源的保护

黄山风景区具有丰富的自然资源，景区森林覆盖率为 56%，植被覆盖率为 83%，黄山野生植物有 1 452 种。在黄山上属国家一类保护的有水杉；二类保护的有银杏等 4 种；三类保护的有 8 种；属濒临灭绝的有石斛等 10 个物种，其中，6 种为中国特有物种，黄山特有 2 种。首次在黄山发现或以黄山命名的植物有 28 种，如名茶"黄山毛峰"、名药"黄山灵芝"。

为了保护黄山丰富的自然资源，黄山风景区管理委员会非常重视防火基础设施、防火宣传、防火队伍等方面的建设，森林防火水平不断提高，几十年来，森林未出现过火灾。而为了加强古树名木的保护，管理人员在古树名木四周围挡上竹片，避免游客接近，并定期对古树名木进行调查和防治，同时定期邀请专家对名木古树进行会诊，然后制定综合性的保护措施。

（三）制定景点封闭轮休制度

景点封闭轮休制度是黄山风景区的开创性做法，即针对黄山风景区内的景点实行定期封闭轮休。关于这一点，在《黄山风景名胜区管理条例》的第十五条中也明确指出："管委会应当根据保护环境和恢复生态的需要，对重要景区、景点实行定期封闭轮休。"对景点和景区进行定期封闭轮休对保护景区内的旅游资源具有非常积极的作用。例如，针对植被的保护与修复，在《黄山风景名胜区景点封闭轮休规范基本要求》中便给出了明确的指示：

（1）景点封闭后，及时拆除封闭景点内的树干护裙，防止缢束树木皮层，影响正常生长。当封闭景点即将开放前，对树木安装树干护裙。

（2）对根系裸露的树木适当培土护根，设置保护围栏，其形式宜采用仿木式、椅凳式，围栏与树干的距离不得短于1米。

（3）对游道两侧受人为影响损坏的枝干，如断枝、劈裂枝、树皮破损等，进行修剪和修补，对创伤面进行消毒、密封处理。

（4）对游道两侧受人为影响的植物，根据土壤状况和植物特性施用适量缓释型复合肥，促进植物恢复生长。

黄山针对旅游资源的保护具有代表性和参考性，但黄山的性质属于自然型旅游景区，对于依托自然旅游资源的乡村旅游来说非常值得借鉴，对于其他类型的乡村旅游，如农业旅游则不具备太多的参考价值。

第六章　乡村旅游产业创新发展路径

第一节　乡村旅游规划创新

一、乡村旅游规划简述

（一）乡村旅游规划的界定

1.旅游规划

旅游规划是指为了提高旅游产业的综合效益而针对某地旅游产业发展制定的构思和计划。旅游产业的发展也许带有一定的偶然性，比如某个景点的知名度的突然提高便可以促进当地旅游产业的发展，但要想实现旅游产业的可持续发展，旅游规划必不可少。就目前旅游产业的发展来看，旅游规划主要包括三方面的内容。

（1）旅游资源评价。旅游资源在很大程度上影响着旅游产业的发展，所以对旅游资源进行评价是旅游规划中的重要内容。对旅游资源进行评价通常从以下四个方面进行：旅游资源的历史文化价值、生态环境价值、景观美学价值和经济价值。

（2）旅游基础设施规划。旅游设施也是保障旅游产业发展的一个因素。很多地区具有深厚的历史文化底蕴和丰富的自然资源，但旅游景点游客并不多，当地旅游产业的发展也不理想，一个重要的原因就是基础设施建设不足。就现代旅游而言，基础设施是不可或缺的，所以旅游基础设施规划也是旅游规划中不可或缺的一项内容。

（3）旅游活动规划。旅游活动规划是将景区内的景点尽可能规划到一条或几条旅游线路中。一般情况下，景区内景点的分布是分散的，为了节省游客的时间，让游客在最短的时间内尽可能多地游览景点，需要开发者对景区内的景点进行系统的规划，设计出合理的旅游路线。

2. 乡村规划

乡村规划是指对乡村经济、社会、文化发展进行长期的部署和计划，以此指导乡村的发展。乡村规划应以国家政策为根本，在乡村发展实际的基础上，结合乡村现有资源，制定可持续的发展规划。在制定乡村发展规划时，需要做到以下两点。

（1）乡村规划在以乡村经济发展为基础的同时，还要关注社会效益、环境效益，做到社会效益、环境效益、经济效益相统一。

（2）乡村发展的主体是农民，虽然他们可能在经济发展、文化发展上的认知程度较低，但他们能够从乡村主体的角度提出一些其他人看不到的规划思路，所以在制定乡村发展规划时，切忌将农民排除在外，要认真听取他们的意见，并得到他们的支持。

3. 乡村旅游规划

从地理空间来看，乡村旅游规划将旅游规划局限在乡村这一地域范围内，属于乡村规划的范畴。结合上文对乡村规划和旅游规划的论述，我们可以对乡村旅游规划下一个简要的定义：乡村旅游规划是指根据某一乡村地区的旅游资源、旅游发展规律和旅游市场的特点来制定目标，并为实现这一目标来进行统一的部署。

要进一步把握乡村旅游规划的内涵，笔者认为可以从以下三个方面着手。

（1）乡村旅游规划并不是凭空制定的，而是要进行实地的考察，并采取科学的方法进行分析和论证，同时还要注意规划实施的可行性，否则便失去了规划的价值。

（2）乡村旅游规划既是一项政府性的活动，又是一项社会性的活动。在乡村旅游规划制定中，政府扮演了十分重要的角色，居于指导者的地位，但这并不代表着政府承担着全部的职责，因为乡村旅游规划涉及当地的村民，他们在乡村旅游后续的发展发挥着重要的作用，所以在前期的规划制定中也需要发挥他们的作用，让他们以乡村发展主体的身份参与到规划的制定中。

（3）乡村旅游规划是乡村旅游产业发展的蓝图，但这个蓝图不是静态的，而是动态的。简单来说，乡村旅游规划应具有一定的弹性，要随着实际情况的改变做出调整，这样才能更好地适应时代的发展，而不是在墨守成规中被时代发展的洪流所淹没。

（二）乡村旅游规划的特点

1. 战略性

乡村旅游规划是针对乡村旅游产业发展进行的长期部署，具有战略性的特点。既然是一项战略性的规划，那么自然不会局限于短期利益，而是要从战略角度对乡村旅游产业以及乡村的长远发展做综合性的考虑。乡村旅游是乡村发展的一个机遇，如果能够抓住这一机遇，对于促进乡村发展将具有非常积极的意义。然而，很多乡村在针对乡村旅游制定规划时，却不能从长远发展的角度出发，制定的规划不具备战略性，这显然是一种短视的做法，不利于乡村的长远发展。

2. 系统性

乡村旅游产业发展涉及经济、社会、文化等多个方面，所以乡村旅游规划也不是一项独立的工作，而是一项涉及乡村发展方方面面的工作，这决定着乡村旅游规划的制定要考虑乡村发展的方方面面，而不是仅仅站在乡村旅游的角度。的确，在对乡村旅游进行规划时，要将其作为一项系统的工程，并综合考虑乡村旅游和乡村发展其他因子的关系，这样才能更好地协调各因子之间的关系，从而实现乡村旅游产业以及乡村的可持续发展。

3. 特色性

随着乡村旅游的热度逐渐提高，越来越多的乡村开始发展旅游产业，并且一些乡村取得了不错的成绩。对于一些计划发展旅游产业的乡村而言，成功的乡村旅游产业具有许多值得借鉴的地方，但在具体规划时，应该结合当地乡村发展实际以及当地乡村特色，走差异化的发展路线，用当地的乡村特色提升对游客的吸引力，而不是全盘借鉴其他乡村的成功路线，这样只会磨灭自身特色，进而影响旅游产业的长远发展。

二、乡村旅游规划创新的理论支撑

（一）生态美学理论

生态美学理论是生态学和美学的有机结合，强调的是人与自然、人与社会的生态审美关系。生态美学反对"人类中心主义"，认为人、社会、自然之间应该是相互协调、相互统一的，它强调人类应该遵循生态美和生态规律，对自然的改造也应该以此为基础，而不是把人作为核心。由此可见，生态美学理论虽然强调生态美，但并没有完全否定人工建设，因为人工建设是社会发展的关键，没有人工建设，社会也难以发展，而且随着科学技术的不断发展，人工建设对生态环境造成的消极影响也在不断降低，所以生态美学理论在强调生态美的基础上，也同样重视人工与自然的互惠共生，从而达到生态景观与人工景观的和谐共生之美。

（二）可持续发展理论

在人类普遍重视生态保护的今天，可持续发展理论已经成为大部分人的共识。自第一次工业革命开始之后，人类进入高速发展的时代，但同时也造成了生态环境的污染以及自然资源的消耗与浪费。为了避免生态环境继续恶化以及自然资源被过度消耗，可持续发展理论应运而生，为人类发展指明了前进的道路。基于对可持续发展的认识，我国在党的十六大中提出了"科学发展观"，其中便包括可持续发展思想，在近二十年的践行中，可持续发展理念已逐渐渗透到人们的思想中。显然，乡村旅游产业作为乡村新兴的一种产业类型，将会成为促进乡村发展的重要助力，而为了保证助力的持久性，在乡村旅游规划中，便应该积极提倡可持续发展的思想，站在乡村旅游产业长远发展的视角下，对乡村旅游资源进行科学的论证和开发，从而保障乡村旅游产业的可持续发展，进而为促进乡村发展持续发力。

（三）RMP 理论

RMP 理论是我国旅游管理专家吴必虎提出的一种旅游发展理论，其中，R指 resource（资源）、M 指 market（市场）、P 指 product（产品），该理论可用于指导区域旅游的发展。[①] 具体来说，"R"——resource（资源），研究的是旅游资源，这是旅游产业发展的基础，在开发旅游资源之前，需要对旅游资源进行系统的评估，确定旅游资源开发的可行性以及价值性；"M"——market（市场），研究的是旅游的市场，即游客对旅游的需求情况，市场需求决定着产品方向，只有了解市场的需求，才能有针对性地开发旅游产品，也才能够在满足市场需求的基础上实现发展；"P"——product（产品），研究的是旅游产品创新，即根据市场需求的变化不断创新旅游产品，因为市场需求在不断变化，旅游产品只有随着市场需求不断创新，才能满足市场的需求，进而保证旅游产业旺盛的生命力。

---

① 吴必虎，俞曦 . 旅游规划原理 [M]. 北京：中国旅游出版社，2010：139.

三、乡村旅游规划创新的主要内容

（一）乡村旅游设施规划

乡村旅游设施包括乡村旅游基础设施与乡村旅游服务设施。其中，乡村旅游基础设施指通信设施、交通设施、卫生设施、给排水设施等公共性的设施；乡村旅游服务设施指住宿设施、餐饮设施、游乐设施、商业购物设施等专门为游客服务的设施。乡村旅游设施在乡村旅游发展中发挥着重要的作用，从乡村形象的角度看，乡村设施是乡村景观的组成部分，影响着乡村的整体形象；从功能角度看，游客的诸多活动离不开乡村旅游设施。随着乡村旅游产业的发展和游客需求的不断变化，乡村旅游设施规划不能一味延续传统的思路，应结合乡村发展以及市场发展不断进行创新。具体来说，乡村旅游设施规划创新体现在以下几个方面。

1.旅游设施的空间分布

乡村旅游设施在空间分布上有两种方式：一种是集中式，另一种是分散式。在对乡村旅游设施进行规划时，应将两种方式有机结合，针对不同的设施采取不同的布局方式。比如，针对农家乐等接待性设施，适宜采取分散式布局，因为农家乐的主要功能是接待游客，为游客提供一个休闲的场所，太过集中会导致游客也集中，从而影响游客的休闲体验；另外，农家乐聚集到一起也容易出现恶性竞争，不利于乡村旅游产业的整体发展。再如，针对商业性的服务设施，适宜采取集中式布局，充分发挥规模效应，如设计美食一条街、特色产品购物一条街等。

2.旅游设施的双轨功能

所谓双轨功能，就是旅游设施同时能够为村民和游客提供服务。有些基础设施因为其公共性，本身便具有双轨功能，如道路设施、通信设施等，针对这些设施的规划，便需要从游客和村民两个角度着手，不能为了方便游客而忽视村民的需求，也不能为了方便村民而忽视了游客的需求。另外，有些设施其设计初衷是为村民服务的，如乡村中的一些休闲设施、娱乐设施，其作用是为了满足村民日常的精神文化需求，但在乡村旅游的大环境下，这些基础设施应该发挥双轨功能，既能作为乡村旅游服务设施中的一部分，同时又能为游客提供服务。总之，在乡村旅游的大环境下，应对乡村设施功能进行综合性的考虑，这是乡村设施规划创新的一个方向。

3.旅游设施应与当地文化相结合

乡村旅游设施作为乡村景观的一部分，在注重其功能性的同时，还应该考虑如何为其赋予文化性，即将当地的文化融入乡村设施的建设之中，这样既可以体现当地的文化特色，提高对游客的吸引力，又能在一定程度上促进乡村文化的保护与传承。比如，针对乡村中的住宿设施，可以建设一些具有乡土建筑特色的民俗，并使建筑风格与乡村环境相协调，让游客深切地感受到当地的建筑文化。

4.生态与技术相融合

在对乡村旅游设施进行规划时，要以生态观为基础，融入现代科学技术，使二者有机融合起来，相互支撑，从而达到生态保护与乡村发展的双重目标。这一思路也符合生态美学理论。具体而言，乡村设施规划中生态与技术有机融合表现在以下三个方面。

（1）能源生态化。乡村的传统能源为煤炭、秸秆等污染较大的能源，而为了降低传统能源对生态环境的污染，应尽可能使用清洁能源，如天然气、太阳能。对于游客而言，乡村的自然生态环境是吸引他们的重要因素之一，而传统能源对乡村生态环境以及乡村的整体景观都会造成消极的影响，所以在规划乡村旅游设施时，必须要将传统能源转换为清洁能源，从而实现乡村能源的生态化。

（2）水资源生态化。水资源是人类生活不可或缺的资源，同时，水文景观也备受游客的喜爱，但水生态也是比较脆弱的，容易受到破坏，所以利用现代科学技术，实现水资源的生态化也是乡村旅游设施规划中的重要内容。就乡村而言，给水设施建设已经较为完善，很多乡村能够实现 24 小时供水，但在污水处理上还较为落后，所以针对乡村污水处理环节，要做好规划设计，以降低水资源污染，提高水资源利用率。

（3）垃圾处理生态化。随着乡村旅游的发展，游客数量会越来越多，这不可避免地会产生大量的生活垃圾，而如何处理垃圾将成为乡村需要面对的问题。传统的垃圾处理是将垃圾集中到一处，统一进行焚烧填埋处理，这种方式不仅需要投入大量的资金，还会对生态环境造成一定的破坏。当然，就目前的技术手段来看，一些垃圾只能采取焚烧填埋的方式，但其实大部分垃圾通过分类之后，可以借助现代科学技术实现循环利用。关于垃圾分类处理，其实我国很早便提出了这一设想，只是近些年才开始进行大范围的鼓励和推行。在未来几年，垃圾分类的政策将会进一步推进。乡村旅游设施规划显然要将垃圾分类的理念引入，并积极践行，从而为实现垃圾处理生态化奠定基础。

（二）乡村旅游景观规划

乡村旅游景观规划就是将乡村中的景观要素进行整体的规划设计，从而使乡村内的景观在空间布局上更加合理，并与乡村所处的自然生态环境相协调。针对乡村旅游景观规划的创新，笔者认为可以从空间结构规划、功能规划和视觉设计三个方面着手。

1.乡村旅游景观空间结构规划

对乡村旅游景观的空间结构进行规划，可引入景观生态学的相关理论。景观生态学将景观的空间结构划分为斑块、廊道和基质三个元素。其中，斑块是乡村旅游景观的主要载体，如耕地、湖泊、古建筑等；廊道是游客流动的主渠道，如道路、河流，其作用是将斑块、基质与游客关联起来；基质则代表较大范围的生态背景，如大面积的山林。上述三个元素共同构成了乡村的旅游景观，所以针对乡村旅游景观的空间结构规划也需要围绕上述元素展开。

（1）斑块的规划。斑块的规划取决于乡村旅游资源的属性，即结合乡村主要的旅游资源对斑块进行布局。比如，针对有传统建筑的乡村，可围绕传统建筑规划古建筑参观斑块；针对林地资源比较丰富的乡村，可规划野营、登山、探险等斑块。

（2）廊道的规划。廊道作为连接斑块、基质与游客的主要元素，在规划时应尽可能利用原有的通道，也可以利用自然通道，这样能够为游客带去更好的旅游体验，但注意要避开生态脆弱区，否则人流量过大必然会对生态环境造成影响。另外，廊道的规划要考虑其趣味性，不能仅仅将其作为一个通道，而是要将其作为乡村景观的一部分进行规划。

（3）基质的规划。从某种程度上来说，基质与斑块存在某种转变性的关系，即去掉基质的背景性之后，基质便转变为斑块，成为乡村具体的旅游资源。例如，某乡村周围的山地资源很多，但这些山地资源没有被开发，只是作为乡村的生态背景，虽然它们也是乡村旅游资源的一部分，但因为没有被开发，所以只能是背景性的资源，不是具体的资源；如果某些山地资源被开发，这些被开发的山地资源将转变为斑块，成为乡村旅游的具体资源。对基质的规划，就是要认清乡村的生态环境背景，结合生态背景选择和布局具体的斑块，这不仅有利于基质作用的发挥，同时还有助于旅游地生态环境的保护。

2.乡村旅游景观功能规划

由于地域因素、文化因素等方面的差异，不同乡村针对旅游景观功能的划分也存在差异，但通常而言，针对乡村旅游景观功能的规划主要有服务区、游乐区、游览区和体验区。服务区的功能是向游客提供服务，如饮食服务、住宿服务、购物服务等，方便游客的生活。游乐区的功能是为游客提供娱乐服务，因为很多游客到乡村旅游的目的是休闲，该区域可以很好地满足游客休闲娱乐的需求。游览区的功能是供游客游览参观，比如游览乡村的自然景观、游览乡村的传统建筑等。体验区的功能是为游客提供体验服务，如体验农事劳动（采摘、种植）、体验手工制作等。在对乡村旅游景区功能进行规划时，应突出各区域的特点，并控制好各个区域的规模，从而保证乡村景观的相对完整性。

3. 乡村旅游景观视觉设计

乡村旅游景观在视觉传达上表现得非常强烈，所以如何从视觉上设计乡村旅游景观也是乡村旅游景观规划创新的一个方向。针对乡村旅游景观的视角设计可以以景观美学原理为基础，着重从如下两点做出思考。

（1）乡村景观的焦点与边界内容相结合。在对乡村景观进行规划时，很多人认为乡村景观的焦点应该是那些能够被游客看到的事物，那些景观边缘的内容并不重要，但其实很多时候，乡村景观边缘的内容，如山水轮廓，往往会给游客留下深刻的印象。不可否认，乡村景观中的焦点非常重要，但景观边缘的内容也发挥着重要的作用，所以针对乡村景观进行规划设计时，应同时注重焦点与边缘内容，以增加乡村景观的丰富性和层次性。

（2）乡村传统景观与人工设施相结合。乡村传统景观包括乡村的自然景观与历史遗留的景观，这些景观是乡村旅游发展的重要资源。人工设施作为乡村景观的组成部分，虽然旅游价值较低，但具有为游客服务的功能，所以它是不可或缺的。为了最大限度地降低人工设施对乡村传统景观的影响，在规划人工设施时，应和传统景观有机结合起来。比如，在建设新的民宿时，要充分考虑乡村的自然环境和人文环境，如果当地人文环境特点突出，民宿的风格要与乡村传统建筑的风格保持一致，从而保证乡村景观的整体性与协调性。

四、乡村旅游规划创新的典型案例

针对乡村旅游规划的创新，笔者以阜阳市田楼行政村为例，针对该乡村的旅游规划做简要阐述。

（一）阜阳市田楼行政村的规划理念

阜阳市田楼行政村位于正午镇西部，北与陈庄接壤，西与正午居委会相连，南与率庄镇、口孜镇相邻，东与枣庄镇相接。村内有一条河流穿过，在规划之前，由于村民随意倾倒垃圾，河流污染较为严重。村内绿化较少，乡道、村道几乎没有植被。村庄以农业为主，主要种植的农作物为玉米、小麦、大豆，有大面积的农田斑块；村庄有一个苗木花卉基地，但基地设计不科学。村庄建筑布局散乱，缺乏规划。

从对田楼行政村的简单介绍中不难发现，该村庄在生态环境、村庄聚落、农业生产上均存在问题，而且缺乏历史文化底蕴，所以针对该村落的规划应以现有资源为基础，运用集约节约的用地理念，以建设环境优美的乡村聚落为抓手，逐步恢复生态环境，并将农业作为旅游资源，最终打造成一个环境优美、具有特色农业景观的旅游村落。

（二）阜阳市田楼行政村的规划策略

阜阳市田楼行政村针对村庄发展现状，以打造特色农业景观为目标，分别从生态环境、农业生产和乡村空间布局三个方面着手，对村庄进行了创新性的规划。

1. 生态环境规划

田楼行政村的生态问题主要是水体较差、植被覆盖率低，所以生态环境规划也主要围绕这两个方面进行。

（1）对村域水体进行整治。水资源是乡村旅游中的重要资源。由于受传统山水文化的影响，很多人潜意识地对河流、湖泊等水文景观充满了喜爱，因此整治村域水体至关重要。首先，要对水体进行清洁，清除河道中的垃圾；其次，拆除河道两边的违建物，保证河岸的整洁；最后，沿河岸种植一些植被，一方面起到涵养水资源的作用，另一方面丰富水文景观，打造优美的水系空间。

（2）提高村域绿化覆盖率。针对村庄中不宜耕地的区域，种植乔木或乡村树木，规划成片林，提高荒地的利用率。另外，针对村庄中的道路系统，在保留原道路肌理的基础上，对道路进行绿带建设，绿带的植被切忌单一，应采取乔灌草相结合的方式，对于比较狭窄的路段，应拓宽后再进行绿带建设。

2. 农业生产规划

（1）规划重点。田楼行政村没有丰富的自然旅游资源，也没有历史文化遗产，所以针对该村庄的规划重点应放在农业上，即以农业旅游为重点。

（2）规划布局。针对田楼行政村农业旅游的发展方向，可将农业旅游景观划分为三个区域：农业观光休闲区域、农业体验区域、苗圃花卉基地。其中，农业观光休闲区域和农业体验区域除了种植当地的农产品外，还可以种植一些蔬菜和水果，以丰富农产品的种类；苗圃花卉基地的品种也可以在原有品种的基础上适当丰富，从而增加其观赏性。

3.乡村空间布局规划

针对田楼行政村建筑布局散乱的问题，应在村庄空间布局上做出有效的规划。结合村庄道路、水系及建筑物的布局，立足乡村发展现状与未来发展需求，可将村庄划分为一心、一带、六区。

一心：即公共服务中心，可建设一些与公共服务相关的场所，既可以满足村民日常的服务需求，又可以满足游客的服务需求。

一带：结合村庄道路体系以及现有的商业店铺，规划一条商业带，同样用于服务村民和游客。

六区：包括一个休闲活动区、一个农业景观区和四个居住片区，"六区"的规划通过整治原有建筑和建设新的建筑两种方式来实现。

第二节　乡村旅游模式创新

一、乡村旅游现有模式综述

随着乡村旅游热度的不断提高，各地纷纷发展乡村旅游产业，同时由于不同地区乡村文化、农业生产方式的不同，其乡村旅游发展的模式也不同。笔者通过汇总分析不同地区乡村旅游发展的模式，将其归纳为田园农业旅游模式、民俗风情旅游模式、农家乐旅游模式、古村镇旅游模式和科普教育旅游模式。

（一）田园农业旅游模式

田园农业旅游模式是以乡村田园景观和乡村自然景观为主要旅游资源，通过带领游客游览田园农业景观、体验农业生产活动等方式，满足游客回归自然的心理需求。田园农业旅游模式主要有田园农业游、乡村生态游、特色庄园游和务农体验游四种。

1.田园农业游

田园农业游以农业景观为重点，通过开发田园景观，并带领游客观赏田园风光、观看农业生产、品尝和购买特色农产品，从而满足游客了解和体验农业的需求。

2.乡村生态游

对于具有良好生态环境的乡村，可以发展乡村生态游的模式，即以乡村良好的生态环境作为旅游资源，开发休闲、观光、度假等旅游产品。发展该种旅游模式需要乡村具有良好的生态环境，这是根本，同时还需要乡村（或开发商）具有较为充足的资金，这是修复生态环境的保障。另外，发展该种旅游模式时有两点需要注意：一是要加强对生态环境的保护，切忌过度开发和一些破坏生态环境行为的出现；二是要加强生态环境保护的宣传，提高游客和景区内经营者的环保意识，从而最大限度地降低旅游活动对乡村生态环境的破坏。

3.特色庄园游

对于一些农业经济效益较高，且产业化程度较高的乡村，可以以特色农业为依托，发展特色庄园游的农业旅游模式，如有机农场、牧场、私家庄园、葡萄酒庄园、茶庄、农庄、温泉庄园、红酒庄园、花卉庄园、香草庄园等。发展特色庄园要加入多种元素，同时要延伸农业产业链，在发展第一产业的同时，注重发展第二、第三产业，形成三大产业联动，扩大农业产业链条。另外，还要增加特色庄园的内涵，提倡文化营销。庄园不仅是生产的新模式，还是文化传播的新形势，给庄园赋予了更多内涵，使庄园成为观光、科普、休闲、养生、度假的新型综合体。

4.务农体验游

该种农业旅游模式的重点在于"体验"二字，而根据体验深度的不同，务农体验游又可分为两种模式。一种是浅度体验，即游客在游览参观的过程中顺便体验农业生产活动，如采摘水果、蔬菜，播种农作物等；另一种是深度体验，即让游客完全参与到农事劳动中，并与农民同吃、同住，有些地方甚至采取租赁农园的方式，即将农园租赁给游客，游客在一段时间内自己负责种植瓜果蔬菜。相较于浅度体验来说，深度体验能够使游客更加深刻地感受到乡村的乡土气息。当然，深度体验仍旧是以休闲体验为主，并不是以生产经营为目的，这是开发商需要把握的一个度。

（二）民俗风情旅游模式

民俗风情旅游模式以当地的民俗文化与风土人情作为主要的旅游资源，通过开发民间技艺、民间歌舞、节庆活动等旅游活动，丰富乡村旅游的内容。民俗风情旅游模式主要有乡土文化游、民俗文化游和民族文化游几种。

1.乡土文化游

乡土文化游主要以传统民间艺术为依托，如民间戏剧、民间歌舞、民间技艺等。民间艺术是乡土文化的集中体现，反映了当地的文化特色，并且具有鲜明的地域特征，如蔚县的剪纸、唐山的皮影戏、衡水的内画等。作为一种典型的乡村文化，传统民间艺术能够提升当地的旅游品牌形象，同时能够促进乡村旅游产业的多元化。

2.民俗文化游

民俗文化是指广大人民群众所创造、享用和传承的生活文化。它起源于人类群体生活需要，在特定的民族、时代和地域中不断形成、发展和演变，为民众的日常生活服务。[①]饮食民俗、服饰民俗、节令民俗、礼仪民俗等都属于民俗文化，也是民俗文化游依托的重要旅游资源。民俗文化旅游凭借其鲜明的民族特点以及浓郁的地方特色满足了游客求新、求异、求知的心理需求，同时让一些边缘性的民俗文化得以保留和传承下来，已成为乡村旅游中不可或缺的内容。

3.民族文化游

不同民族之间，其文化也存在较大的差异，这种差异性是民族文化游的基础。民族村落、民族节日、民族歌舞等都属于民俗文化的内容，也是民族文化游重要的旅游资源。目前，民族风苑是民俗文化游中最为典型的一种形式，该形式以民族服饰、民族建筑、民族信仰等为依托，向游客集中展示少数民族的文化与风情。比如，北京密云区古北口河西村与怀柔区老西沟镶红旗村便是该种形式的典型代表。

（三）农家乐旅游模式

农家乐旅游模式是指农民利用自家庭院、自家农产品以及周围的田园风光，为游客提供一种相对低廉的包含吃、住、游、购的旅游活动。从农家乐的名字中可直观看出该种旅游模式的三个特点：农、家、乐。"农"是指农家环境；"家"则是指为游客营造一种家庭的氛围，给游客带去一种家的感受；"乐"是指休闲娱乐。目前，农家乐旅游模式主要有民居型农家乐、休闲娱乐型农家乐、农业型农家乐三种类型。

1.民居型农家乐

民居型农家乐主要利用特色民居吸引游客。民居是乡村文化的一种具体体现，不同地域的乡村，其民居类型千差万别，如湖南、广西等地的吊脚楼便是极具特色的民居。其实，相较于城市高楼，乡村民居本身便具有一种吸引力，

---

① 焦爱英，郭伟.乡村文化产业发展与天津的实证研究[M].北京：中国铁道出版社，2019：8.

如果能够再凸显当地的民居特色，将能够进一步提升其对城市居民的吸引力。当然，民居型农家乐虽然以特色民居作为核心卖点，但不能缺少"农"的特征，否则便偏离了农家乐的本质。

2. 休闲娱乐型农家乐

休闲娱乐型农家乐是目前最为常见的一种农家乐旅游模式。随着生活节奏的不断加快，人们的生活、工作压力越来越大，他们迫切需要一个场所能够放松身心，而农家乐无疑是一个不错的选择。休闲娱乐型农家乐主要为游客提供吃、住、玩等服务，满足游客放松身心的需求，所以需要为游客提供舒服的服务、优美的环境以及齐全的设施，这是休闲娱乐型农家乐必不可少的。

3. 农业型农家乐

农业型农家乐分为农业观光型和农业体验型两种，用以满足不同游客的不同需求。有些游客纯粹以观光休闲为目的，并没有体验农业生产的需求，这些游客适宜农业观光型农家乐；有些游客除了观光休闲之外，还想体验农业生产活动，这些游客则适宜农业体验型农家乐。其实，目前很多农业型农家乐都采取复合型的发展模式，既可以让游客游览观光，又可以让其体验农业生产活动，提高了农业型农家乐的灵活性。

（四）古村镇旅游模式

一些乡村具有深厚的历史文化，有些甚至保存有数百年、数千年的古建筑，这些乡村通常依托其深厚的历史文化底蕴吸引游客。古村镇旅游模式主要有古镇建筑游和民族村寨游两种类型。

1. 古镇建筑游

古镇建筑游主要以古镇中的民居、街道、园林等吸引游客。在我国，有很多具有悠久历史的古镇，如浙江南浔、山西平遥、云南丽江等。以浙江南浔古镇为例，这是明清时期的蚕丝名镇，古镇名胜古迹众多，有嘉业藏书楼、刘镛的庄园小莲庄、张静江故居、张石铭旧居、百间楼和宋代古石桥等，这些名胜古迹与自然风光和谐地融合在一起，既充满着浓郁的历史文化底蕴和灵气，又洋溢着江南水乡古镇诗画一般的神韵。在《江南园林志》中有关于南浔古镇的记载："以一镇之地，而拥有五园，且皆为巨构，实江南所仅见"。自古以来南浔文化昌盛，人才辈出，书香不绝。明代时就有"九里三阁老，十里两尚书"之谚。

2.民族村寨游

有些少数民族村寨因为与外界的交流较少，村寨周围的生态环境良好，而且仍然保留着很多传统，这些民族村寨可以利用其民族特色发展观光旅游。例如，云南红河大羊街乡的哈尼村落，该村落地势险峻，山高谷底，海拔在600～3 000米之间变化，形成了一个寒温带、亚热带和热带的立体气候。因为地貌环境的特殊性，当地的很多房屋建设在没有护栏的悬崖上形成了别具一格的景观。另外，哈尼族人仍保留着很多传统，如每年农历四月的第一个申猴日是"仰阿娜节"，当天，很多青年男女结伴而行，蜂拥而上孟子红都山（姑娘山），谈情说爱，寻找属于自己的幸福。红河大羊街乡哈尼村落在2005年10月由《中国国家地理》主办，全国34家媒体协办的"中国最美的地方"评选活动中，被评为中国最美六大古镇古村之一。

（五）科普教育旅游模式

很多城市中生活的人对农业相关的知识不甚了解，科普教育旅游模式便是借助农业观光园、农业博览园、农业科技园等，为游客提供了解农业知识、了解农业历史的旅游活动。目前，科普教育旅游模式主要有现代农业科技园、乡村博物馆和主题农业园几种类型。

1.现代农业科技园

农业科技是促进农业发展的关键，在现代化社会中，农业已经从传统的手工发展到机械化、信息化，但很多人对农业的认知还停留在原始的手工阶段。现代农业科技园的作用便是向游客展示高新的农业技术，改变人们对农业的传统认知。目前，很多地区都建设了现代农业科技园，在兼顾农副产品生产的同时，还带动了当地旅游产业的发展，可谓一举两得。

2.乡村博物馆

乡村博物馆源于乡村，生长于乡村，是一种带着泥土气息的，脱离了"高大上"和"距离感"的文化平台。乡村博物馆无论对于出生于城镇的人，还是对于生长在乡村而后迁移到城市中的人，都有着巨大的吸引力。另外，围绕乡村文化设计运营的乡村博物馆是对其域内各项文化遗产进行保管和研究的权威机构，游客可以在乡村博物馆中系统全面地了解当地最具代表性的文化成果。的确，乡村博物馆虽然在规模上普遍较小，但其充分发挥了博物馆的功能，将乡村生活的诸多领域，包括实物、文化以及生产生活的每一个细节都呈现出来，是人们了解当地文化的一个窗口。

3. 主题农业园

主题农业园借鉴的是主题公园的建设理念，突出的是"主题"二字。比如，蔬菜主题农业园里面的农作物主要为蔬菜，可以建设蔬菜观赏区、蔬菜种植体验区和蔬菜文化区三个区域。在蔬菜观赏区种植各种类型的蔬菜，在蔬菜体验区可以体验蔬菜种植、采摘，在蔬菜文化区介绍蔬菜的发展历史。主题农业园能够为游客带去视觉上的盛宴，同时还可以亲身体验，并增长见识，深受游客的喜爱。

二、乡村旅游模式创新方向及实例分析

通过分析我国现有的乡村旅游模式，并结合乡村旅游发展现状以及乡村旅游未来的发展趋势，笔者针对乡村旅游模式创新的方向提出了几点思考，同时结合几个地区进行了深入分析。

（一）统筹＋区域——以阜阳市为例

1. 阜阳市农业旅游开发概况

阜阳市地处黄淮海平原的南端、安徽省西北部，辖界首市和太和、临泉、阜南、颍上四县及颍州、颍东、颍泉三区。气候适宜，资源丰富，四季分明，雨量适中，光照充足，人口居安徽省之首，是国家大型商品粮、棉、油、肉生产基地，全国秸秆养牛示范基地和全国山羊板皮重点产地。其地面景观资源较为欠缺，但长期发展起来的农业资源较为丰富。传统的农耕文化、现代生态农业、朴实完美的乡村习俗以及乡间艺人的绝技等构成了阜阳这一农业旅游地的特色。表6-1列出了阜阳市现有的乡村旅游资源。

表6-1　阜阳市乡村旅游资源一览表

类 别	景 观	内 容
自然旅游资源	湿地资源	阜南县湿地资源
	湖泊资源	颍上县焦岗湖、南湖、阜阳颍州西湖
	植物资源	森林资源主要是由落叶阔叶树种组成的夏绿林，域内有银杏、泡桐、侧柏、香椿、桑、榆、柳、杨、槐等植物；生态园有杏园、桃园、梨园、苹果园等

续 表

类 别	景 观	内 容
人文旅游资源	人文古迹	尤家花园、管鲍祠、会老堂、四九起义纪念馆、草寺陵园、魏野畴烈士陵园
	民俗文化	地处南北文化的交融、对流之中，既流行"合关西大汉握铁简板放喉高歌大江东去"的豪放激越之音，如戏曲中的豫剧、京腔，妇孺能歌，又兼有"合二八女郎执红牙板浅吟低唱杨柳岸晓风残月"的缠磨婉约之韵，黄梅戏、越调也常有耳闻
	旅游特产	阜南柳编、黄岭大葱、枕头馍、皮丝、太和贡椿、太和樱桃、太和薄荷、刘宏西蚕豆酱、灵芝仙茶、玛瑙玉器系列产品、临泉毛笔、柳编、古城泥人等
	节庆资源	灯会文化：界首灯会、颍州灯会、沙河灯会 阜阳地区称中秋节为火把节，夜晚打火把游乡，为纪念刘福通领导红巾军起义。相传韩山童、刘福通组织农民起义，纷纷举火把响应，首克颍州。其后，颍州民间每至中秋节晚上，青少年都要模仿红巾军，用秫秸、葵秸裹以稻草到野外燃烧，摇来摇去，待燃尽返，当地习称"撂火把子"，至今不衰

1998年，国家旅游局（现为"中华人民共和国文化和旅游部"）推出"华夏城乡游"的旅游主题，乡村旅游首次登上舞台；在1999年的"生态旅游年"中，森林游、探险游、田园游等如火如荼地发展起来；2006年的旅游主题为"农业旅游年"，国家把农业旅游这一支旅游业中新的劲旅放在了重要的位置。一时间，各地都在围绕"中国乡村游"主题重新定位和开发。在《安徽省"十三五"旅游业发展规划纲要》中，安徽省将阜阳市和颍上县分别作为"十三五"期间重点发展的旅游强市和强县，极大地促进了阜阳旅游业的发展。如今，阜阳市正努力挖掘开发生态旅游和乡村旅游，积极配合建设社会主义新农村的宣传，搞好"三农"服务，推进建设农业旅游示范点，开发"农家乐"旅游项目，促进农民致富。

2.阜阳市农业旅游模式分析

阜阳市由三区四县组成，区域较大，且每个区域的自然资源、人文资源与经济发展水平各不相同，所以在发展乡村旅游时，阜阳市采取了"统筹＋区域"的模式，即在统筹全市旅游产业发展的基础上，针对不同区域做出了进一步的分析和规划。

（1）全市统筹

针对阜阳市全市的旅游产业发展，尤其是乡村旅游产业的发展，阜阳市主要从以下三个方面做出了尝试。

①打造精品旅游名片。颍州西湖有悠久的历史（从西周时建胡子国延续到明清），作为曾经的中国四大西湖之一，颍州西湖与杭州西湖、惠州西湖和扬

州瘦西湖齐名，古人更是留下了"大千起灭一尘里，未觉杭颍谁雌雄"的佳句。颍州西湖有着享誉全国的知名度，是阜阳最美的名片之一。要加大开发投入力度，加快颍州西湖风景名胜区建设，尊重历史文化，发掘弘扬北宋文化；结合现代文化，彰显皖北特色，打造自然和谐、宜居宜业的生态西湖。真正把颍州西湖打造成皖西北地区的旅游度假目的地，从而引爆阜阳旅游市场，带动全市旅游产业的兴起。

②凸显乡村特色文化。乡村特色文化是乡村旅游中的重要资源，对于不同的人来说，乡村文化所凸显的价值也不尽相同。对于一直生活在城市中的人来说，乡村特色文化是新奇的、是特殊的；对于曾经生活在乡村中的人来说，乡村特色文化是乡情、是乡愁。其实，从目前乡村旅游消费的群体来看，也的确分为两个部分，除了一部分抱有求新、求异、求知心理的一直生活在城市中的人之外，还有一部分人有乡村成长的经历，他们对原汁原味的乡村有一种特殊的情怀。阜阳乡村自然风光与传统的剪纸、花鼓灯舞蹈、集会、特色小吃等特色文化都值得深度挖掘，将乡村自然风光、乡村特色建筑、文化遗址和文物展示、农村生活体验、趣味劳动、地方特色文娱节目和演艺活动等相结合，共同形成乡村旅游的独特魅力。对于一直生活在城市中的那部分人而言，特色乡村文化可以满足他们求新、求异、求知的心理；而对于那些曾经生活在乡村中的人而言，则可以让他们在这里找到乡音、乡俗、乡情、乡景，寻味别具一格的味道，找回乡村记忆。

③发挥当地农业优势。阜阳是农业大市，在乡村旅游产业发展中，把乡村旅游与当地农业有机结合起来，把地理条件不便的劣势转换为打造精致农业的优势，打造全产业链农业，形成集吃、住、行、购、娱为一体的综合体，带动农民既卖风景又卖产品。一是做创意农业，将科技和人文有效地融入农业生产，对乡村农田进行艺术观设计，造就独具农业特色的皖北地域人文景观。二是做农业科技示范园，在城郊、县郊重点建设特色农业产业园，围绕樱桃、香椿、石榴等本土特产打造产业旅游区。三是做会展农业，积极承办如西湖桃花节、阜阳花博会、颍州牡丹文化节、闻集草莓文化节等农产品博览会，提供农业研发、旅游、创意等价值整合的平台。四是做农业众筹，用众筹的新型方式，打造"市民农庄"，开启"私人订制"体验农作的新模式。

（2）区域发展

①城市近郊旅游发展。都市近郊旅游是城市居民的首选，堪称城市居民的"后花园"，适合发展开放式旅游。这一模式应该将城镇居民休闲需求置于首要

位置，把消费水平定为基本消费层次。随着城市的发展，人口的日益密集导致环境压力日益增加的同时，人均占有休闲空间变得日益减少、消费水平升高，而消费水平合理且性价比高的都市近郊旅游将会吸引更多的城镇居民，城镇居民的日常休闲活动逐渐从市区转移到城市近郊。虽然降低消费水平在短期内可能会影响旅游的效益，但是从长远的角度看，将会吸引更多的游客观光游玩，从而产生持久效益。因此，城市近郊旅游的发展要能够让每一个市民参与，要交通便捷，消费适中。在开发过程中，要不断完善交通和配套措施，加大开放式农业示范园区、开放式公园等公益性休闲设施建设数量，充分发挥阜阳"人无我有"的田园风光和农业基础良好的优势，打造结合现代观光旅游和农业生态旅游的优秀旅游品牌，如阜阳生态园、抱龙公园、岳家湖公园、双清湾公园等。在具体规划时，要注重开发旅游体验项目，注重突出每个景区的独特之处，开发不同的主题，避免因为千篇一律而导致各个景区间相互竞争加大，造成恶性循环。

②偏远乡村旅游发展。偏远乡村大多地理位置偏远，交通不便，普遍开发度较低，但也保持着原生态的自然环境、农耕文化等。这些对久居城市的居民来说，具有很强的吸引力。在发展乡村旅游时，这些偏远乡村可以综合考虑最受游客欢迎的远足、野外露营等体验项目，把乡村开发成自然景观优美、民风民俗淳朴、富有地方特色的旅游地。同时，还可以由政府牵头，将多个乡村区域进行一体化统筹，综合开发多个旅游项目，如将农业体验项目、避暑度假等项目进行推广，吸引更多城市旅游者，丰富和提升本地旅游消费的层次。

③景区周边乡村旅游发展。在阜阳市域内，有一些比较著名的景区，这些景区周围分布有一些乡村，对于这些乡村而言，由于景区的市场客源比较稳定，因此也相应地为乡村旅游发展带去一些红利。针对这些乡村，在发展乡村旅游时，要充分发挥景区对这些乡村的辐射带动效果。比如，八里河风景区、迪沟生态旅游风景区和王家坝国家湿地公园等一些知名景区周边特色乡村旅游均处于起步阶段，需要进一步采取景区边缘型发展模式，充分发挥自身的资源优势，保持原始乡村风貌，传承传统的风俗习惯，挖掘乡村文化内涵，促进乡村旅游的发展。

（二）政府主导——以亳州市为例

1.亳州市乡村旅游开发概况

（1）旅游主体——来亳人数增加，旅游贡献加大。亳州市在 2008 年将旅游确立为主导产业，2009 年进行机构改革，在良好的政策环境和运营机制作用下，自 2010 年以来亳州市旅游总收入增加，国内游客数量增长迅速，这为亳州市乡村旅游的发展奠定了良好的基础，如图 6-1 所示。

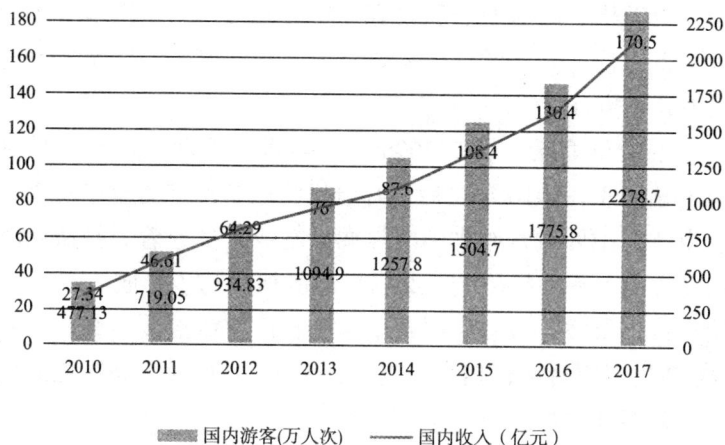

图 6-1 亳州市 2010—2017 年国内游客和国内旅游收入增长图

（2）旅游客体——景区创新创优，以评促建效果良好。亳州市政府加强精品景区创建，重点项目建设与多元化主题线路策划齐头并进。2017 年，亳州新创建 4A 级景区 1 家、3A 级景区 6 家，扎实推进古井旅游区创建国家 5A 级旅游景区的工作。林拥城景区、城市展览馆、老北关街区改造等项目相继建成和运营。通过"旅游主题年"活动，推动古城文化、中医药健康、生态休闲、酒文化、道家文化等专题旅游活动的开展与旅游区创建。针对乡村旅游，政府依据乡村旅游资源，积极打造乡村旅游示范村，2020 年，亳州市旅游示范村有5 家，分别是谯城区观堂镇晨光村、谯城区古井镇药王村、谯城区十河镇大周村、蒙城县立仓镇炮台沟村、涡阳县曹市镇辉山村。

（3）旅游媒介——培育领军企业，各方整合力量强。亳州文化旅游控股集团、安徽中古旅游发展有限公司、涡阳宏飞文化旅游公司、蒙城梦蝶文化旅游公司等不断发展壮大。昆吾九鼎集团、奥洋集团、东方园林、祥源控股集团等国内知名文化旅游企业初步达成若干旅游项目合作意向。政府设立亿元的文化旅游发展基金，搭建文化旅游项目开发建设投融资平台，同时与安徽大学、皖新文化产业投资（集团）有限公司等单位签订文化旅游战略合作协议，借助外力助推亳州市旅游产业跨越式发展。

2.亳州市乡村旅游模式分析

通过上文对亳州市旅游产业现状分析可知，亳州市主要是在政府的带动下不断推动旅游产业的发展，且政府针对旅游产业的布局具有战略性，没有仅仅将视角局限在乡村旅游上，而是将乡村旅游放在亳州市旅游产业整体发展的框架中，这种政府架构、政府规划和政府主导的模式是亳州市旅游产业（包括乡村旅游产业）得以快速发展的一个重要原因。具体而言，亳州市政府的作用主要体现在以下几个方面。

（1）政府主推与重抓。早在 2008 年，亳州市进行产业定位时便将旅游业作为全市的主导产业，2010 年之后，政府又将旅游业定为全市的支柱产业。目前，市委、市政府主要负责同志多次强调旅游业发展，着力打造旅游强市，全市党政部门、社会各界齐抓旅游、共谋发展的格局初步形成。

①政策支持：市委、市政府出台了《亳州市将旅游业培育成为重要支柱产业的意见》《亳州市旅游项目招商引资扶持奖励办法》《主城区旅游民俗经营奖补工作方案》等系列文件。

②财政保障：2018 年，亳州市市级财政投入引导性旅游项目建设资金 2 亿元，旅游基础设施项目建设投入财政资金 2 000 万元。

③组织保障：2009 年，政府启动体制改革，通过政府部门整合把文化与旅游合在一起，成立了市场化的企业文化旅游管理公司，借助政府平台，撬动了市场力量。

（2）准确把脉，规划先行。政府编制完成了《亳州市全域旅游发展规划》，且始终将旅游规划放在核心位置。与此同时，政府印发了《亳州市 2018 年旅游业发展行动方案》，拟定《亳州市旅游业发展重点任务清单》。在"多规合一"的大背景下，积极推进旅游规划与土地资源利用、城乡建设、道路交通、环境保护等规划的有机衔接，在保障重大项目与旅游景区建设的同时，优化道路体系。

（3）政府主导，精准策划与市场化营销。政府充分调查地方资源特色，通过动员 121 家旅游相关单位及社会力量，2018 年，共开展芍花养生旅游节、国际马拉松、全国风筝邀请赛等 30 项文化旅游年主题活动；出台了《亳州市对组织、接待游客来亳旅游企业奖励暂行办法》，大幅提高了旅行社奖补标准，有效调动了其积极性；在周边 20 个地市设立驻地营销机构，多次举办大型推介活动；统一城市定位，通过"道远问道""亳州旅游"等电视专栏的开办与吉尼斯世界纪录"最大芍药花田"的成功申报等活动，增加了游客对亳州市旅游形象的感知，全方位拉动旅游市场。

（4）政府大力培育乡村旅游项目和产品。亳州市坚持以创建国家中医药健康旅游示范区为契机，以文化和旅游年系列活动为抓手，积极完善旅游公共服务设施，大力培育乡村旅游项目和产品。

①打造重点乡村旅游项目。聚焦各地产业优势，因地制宜地开发利辛印象江南等乡村旅游项目。建设亳药花海休闲观光大世界、润耕天下农场、华佗百草园、最美花海马拉松赛道等一批子项目，打造集四季赏花、休闲娱乐、亲子体验等多功能于一体的乡村旅游项目。

②创建特色乡村旅游品牌。积极申报、培育一批特色旅游名镇、名村、休闲旅游示范点。谯城区古井镇药王村、涡阳县曹市镇辉山村获评第二批全国乡村旅游重点村。

③推出精品乡村旅游线路。推出"一路花香""快乐采摘""中药花海休闲之旅"等七条乡村旅游线路。推动发展休闲旅游、水上旅游、康养旅游、自驾旅游线路，拓展亳州乡村旅游发展渠道。

④策划多彩乡村旅游活动。结合亳州文化和旅游年活动，举办芍药花养生文化和旅游节，持续开展谯城五马桃花节、蒙城坛城樱花节等乡村旅游节庆活动，开展"畅游万亩花海，品味好水利辛"大型房车自驾游活动。

（三）多方合作——以宁波松兰山为例

1. 松兰山乡村旅游开发概况

宁波松兰山位于浙江省象山县东南部，具有丰富的自然资源，但在2000年之前，因为乡村旅游的热度很低，所以松兰山的旅游产业发展并不是很好。后来，随着乡村旅游热度的逐渐提升，松兰山逐渐成为当地政府大力发展的旅游地之一。政府加大投资，加强了对松兰山的基础设施建设，同时将各个村庄联系起来，取得了巨大的成就。自2002年之后，来松兰山旅游的人数逐渐增多，上海、杭州等大城市的居民是松兰山的主要客源，这些游客选择松兰山的原因主要有两个：一是为了休闲观光；二是为了体验一种新的生活方式。随着松兰山知名度的提升，松兰山成为国内乡村旅游的代表。

松兰山乡村旅游模式走的是一条高投入、高回报的道路。在发展前期，政府为了提高该区域对游客的服务能力，投入了大量的资金进行基础设施建设。比如，从2002年开始，政府在该区域的基础设施建设中先后投入了大约10亿元。另外，为了维持该区域良好的生态环境，政府每年还会投入大量的资金用于当地生态环境的修复工作。当然，仅仅就资金投入而言，很多资金充裕的地区都可以做到，所以这并不是该区域乡村旅游发展模式中最特殊的地方。真正促进该区域乡村旅游发展取得成功的原因是松兰山采取了三方合作的模式，即政府、企业和当地村庄相互合作，共同对旅游资源进行开发，并且为了保障三方合作的效率，各方针对自己的职责也做了明确的划分。

（1）政府的职责。根据相关法律规定，松兰山的海滨资源归国家所有，政府具有该资源的管理与使用权，但为了吸引投资商的进入，政府没有采取大包大揽的方式，而是通过招商引资的方式，将这些资源的开发权交由投资商。当然，为了避免投资商过多开发，政府依然肩负着规划和监督的职责，即由政府对资源的开发进行整体规划，并监督投资商开发工作的实施。

（2）企业的职责。企业投入大量的资金，承担松兰山乡村旅游资源绝大部分的开发工作，同时在政府的指导下建设了大量的服务设施。在旅游资源开发的过程中，企业虽然受到政府的监督，并且投入了大量的资金，但也获得了政府的支持以及相应的回报。

（3）村庄的职责。在乡村旅游中，村庄拥有大量的旅游资源，但在开发的过程中，由于村庄与企业之间常常会发生利益上的冲突，因此难免会影响乡村旅游资源的开发，甚至影响乡村旅游产业的发展。而在松兰山乡村旅游资源的开发中，因为政府的积极介入，对村庄和企业进行了协调，村庄非但没有和企业之间发生冲突，反而积极承担自身在乡村旅游资源开发中应承担的责任，从而有效推动了当地旅游资源开发的进程。

2.松兰山乡村旅游模式分析

从前文对松兰山乡村旅游的介绍中可知，松兰山乡村旅游模式本质上是一种多方合作的模式，这种模式能够发挥多方的作用，同时还能够避免一些问题的出现。具体而言，该模式的作用主要体现在以下几点。

（1）政府主导。在松兰山乡村旅游模式中，政府占据主导地位，有效推动了当地旅游产业的发展。松兰山具有丰富的自然资源，这为旅游产业的发展提供了资源基础。政府紧紧抓住乡村旅游的"东风"，投入了大量的资金用于松兰山基础设施建设，并加大对外宣传，带领松兰山乡村旅游走上了快速发展的道路。除投入资金外，政府还承担着松兰山乡村旅游规划的职责，同时对企业进行监督，有效地保护了旅游资源。针对企业和村庄之间可能存在的利益冲突，政府作为协调者，积极协调各方利益，并充分调动各方的积极性，保证了当地旅游资源的顺利开发。

（2）企业推动。在松兰山乡村旅游资源开发与经营中，企业发挥了重要的作用，可以说，没有企业的推动，松兰山乡村旅游就不可能在短时间内实现快速的发展。的确，乡村旅游资源开发与经营是一个长期的过程，虽然依靠政府也能够实现对旅游资源的有效开发，但引入企业，并充分发挥企业的作用，无疑起到了"1+1＞2"的效果。当然，企业的加入也不可避免地会引发一些问题，即随着企业话语权的逐渐增强，企业可能会过度侵占村庄的利益，虽然在松兰山乡村旅游发展的过程中，通过政府的协调，最大限度地避免了该问题的产生，但仍然需要引起其他地区的重视。

（3）乡村参与。在乡村旅游发展的初期，松兰山各个村庄都是以农户为单位参与到乡村旅游中的，但由于农户的资金不足，导致农户的参与度并不是很高。后来，松兰山各个村庄开始改变以往的参与方式，尝试以集体的方式参与到乡村旅游中，如部分村庄开始集体经营沙滩、饮食一条街等业务，这不仅提高了村民的话语权，还增加了村民的经济收入。

第三节　乡村旅游产品创新

一、乡村旅游产品的类型

乡村旅游产品类型丰富，并且从不同的角度划分，乡村旅游产品种类的界定也不尽相同。关于这一点，笔者在本书第三章第三节已经做了阐述，不同依据下的分类如图 6-2 所示。

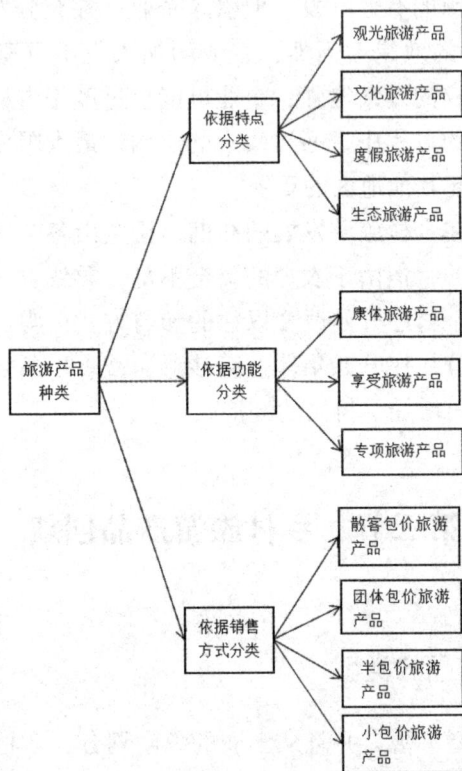

图 6-2　乡村旅游产品的类型

二、乡村旅游产品创新的基本原则

（一）可持续发展原则

关于可持续发展原则，笔者在前文已经有过多次阐述，这是乡村旅游产业发展的基本原则，同时是乡村旅游产品创新的一个基本原则。对于乡村而言，无论是其生态旅游资源，还是其人文旅游资源，都表现出了一定的脆弱性，乡村产业的发展不可避免地会对乡村的旅游资源造成破坏，所以在创新乡村旅游产品时，必须要秉承可持续发展的原则，尽可能避免对乡村旅游资源的破坏。

一方面，面对自然生态旅游资源时，旅游产品的创新开发不能以牺牲自然景观为代价，比如对于一些生态环境良好的森林资源、草原资源，开发成体验型的旅游产品很容易对这些景观造成破坏，所以只能开发成观光型的旅游产品。另一方面，面对人文旅游资源时，如传统古建筑，为了提升游客的体验感，可将旅游区域分成观光与体验两个区域，传统古建筑为观光区，仿造的建筑为体验区，以此最大限度地降低游客对古建筑的影响。

（二）特色性原则

乡村旅游产品的创新开发应该结合本地的文化特色，因地制宜地打造能够凸显当地文化特色的旅游产品。随着乡村旅游热度的不断提升，很多地区都开始发展乡村旅游产业，游客可选择的旅游产品将会越来越多。从产品竞争力的角度来看，产品质量是提高产品竞争力的一个重要因素，除此之外，差异化同样是一个不可忽视的因素。不难想象，当旅游产品的数量越来越多，游客的可选择性越来越多时，竞争也将会越来越激烈，所以在保证质量的基础上，寻求乡村旅游产品的差异化是当前乡村旅游产品创新设计必须要思考的一个方向。而旅游产品差异化的呈现除了依靠创意之外，更多是要依靠当地文化的特色性，开发与众不同的乡村旅游产品，而不是盲目跟风模仿，否则只会使旅游产品在千篇一律的审美中逐渐失去市场，进而影响当地旅游产业的发展。

（三）美学原则

审美活动是人类活动中基本的活动之一，人类对美的追求也是一种永恒的追求。的确，自人类产生意识以来，美便成了人类意识中非常重要的一种存在，所以从古至今，人类对美的追求从未停止过。从某种程度上来说，旅游是一种审美活动，人类在旅游的过程中可以欣赏美的东西，陶冶自己的情操，并逐渐实现自然美、艺术美、社会美和形式美的和谐统一。针对乡村旅游产品的创新设计，应该将人类的审美活动考虑在内，想象旅游产品在人们审美活动中能够发挥的作用，然后不断丰富旅游产品的审美内涵。

（四）市场导向原则

乡村旅游产业发展是以满足市场需求为基础的，所以乡村旅游产品创新设计也要遵循市场导向的原则，充分考虑市场的需求。的确，旅游产品最终面向的是市场，只有顺利进入市场，并占有一定的市场，才是成功的旅游产品，才能推动乡村旅游产业的发展。通常来说，乡村旅游产品创新设计中的市场导向原则主要是从游客需求这一角度做出思考的。

游客是旅游景点主要的服务对象，只有满足了游客的需求，才能实现游客资源的积累。比如，在乡村旅游中，游客大多是在城市中长期生活和工作的人，他们大多受过良好的教育，除了追求乡村的自然风光外，还重视乡村自然风光带给自己的精神享受。针对这些游客，乡村旅游产品的创新设计便不能仅仅停留在物质层面，还需要注重旅游产品的文化内涵。当然，乡村旅游游客的类型千差万别，其需求也不同，我们很难用一个方面进行概括和归纳，这就需要当地乡村结合游客的特点，进行大数据分析，然后在发展的过程中不断进行调整，从而更好地满足游客需求。

（五）以人为本原则

乡村旅游产品创新的以人为本原则就是以游客为本，即在针对旅游产品进行创新设计时，不仅要针对乡村旅游资源、乡村旅游产业发展现状等进行考虑，还需要站在游客的角度做出思考。游客是乡村旅游产品的主要使用者，如果乡村旅游产品无法做到以游客为本，那么旅游产品也将很难得到游客的认可。目前，市场上能够得到游客较高认可度的乡村旅游产品并不多，一个重要的原因就是旅游产品的设计没有从游客的角度出发。事实上，旅游产品与游客之间从来都是一种相互需求的关系，只要旅游产品设计者能够从旅游的角度出发，就能进一步满足这种需求关系，从而在游客的高度认可中促进旅游产业的蓬勃发展。

（六）整体性原则

乡村旅游产品的类型十分丰富，每种旅游产品之间看似没有联系，但其实旅游产品与旅游产品之间具有很强的互补性，这种互补性决定着旅游产品的创新设计不能仅仅从某个产品的角度出发，而是要从整体出发。当然，由于不同地区旅游产业发展的侧重点不同，乡村旅游产品创新设计上也自然应有所侧重，但仍然要在侧重某个方面的基础上权衡整体，从而避免乡村旅游产业的发展出现短板。

三、乡村旅游产品创新需要均衡的关系

乡村旅游产品创新是乡村旅游产业发展的一条路径，但创新并不意味着要抛开一切，一味地寻求创新，而是要处理和均衡好以下几对关系：传统继承与创新的关系、实用性与艺术观赏性的关系、地方特色与游客需求的关系、重点与一般的关系。

（一）传统继承与创新的关系

随着乡村旅游产业的发展，旅游产品创新是一个必然的方向，但对于乡村旅游资源中的乡村文化而言，继承和保护是一个永恒的话题，所以如何处理传统乡村文化基础与乡村旅游产品创新的关系，是旅游产品创新中首先要思考的

一个问题。的确，传统乡村文化是乡村在长时间发展过程中逐渐积累和形成的，其中有很多内容需要我们保护和继承，但当我们将其作为乡村旅游资源进行开发时，难免会对其造成影响，尤其面对乡村旅游产品创新的需求时，更不可避免地会对传统的乡村文化造成破坏。事实上，乡村旅游资源开发与保护之间本身就是一种辩证性的关系，关于这种关系笔者在前文也进行了论述，我们很难做到"鱼和熊掌"兼得，但我们也应该努力找到一个权衡点，从而在创新旅游产品的同时，能够最大限度地实现对乡村传统文化的保护和继承。

（二）实用性与艺术观赏性的关系

实用性与艺术观赏性都是旅游产品重要的特征，虽然对于旅游产品而言，因为旅游具有的精神文化属性，其艺术性要大于实用性，但如果一味偏重于艺术性，忽视其实用性，反而会给游客造成一种华而不实之感。的确，以旅游商品为例，笔者在调查中发现，不少游客买回家的旅游商品常常变成垃圾丢弃，这是因为在进行产品设计时，开发者没有事先做好产品规划，过于重视产品的观赏艺术性，而忽视了其实用性。因此，针对乡村旅游产品的创新设计，要权衡好实用性与艺术观赏性之间的关系。

（三）地方特色与游客需求的关系

在前文针对乡村旅游产品创新原则的叙述中，笔者指出了特色性的原则，即乡村旅游产品的创新开发应该结合本地的文化特色，因地制宜地打造能够凸显当地文化特色的旅游产品。同时，笔者还强调了乡村旅游产品创新的市场导向原则，即要充分考虑市场的需求。从二者关系来看，我们同样不能用简单的二元论的观点进行阐述。具体来说，特色性是乡村旅游产品创新的一个方向，因为只有保持自身特色，才能避免旅游产品的同质性，也才能实现长远的发展。但是，就市场需求而言，很多时候市场需求在的形成的前期偏偏具有同质性的特点，这是导致很多旅游产品跟风模仿的一个重要原因。当然，如果一味地跟风模仿，当市场需求从前期的同质性过渡到个性化的阶段之后，那些同质性的旅游产品无疑会受到巨大的影响。因此，把控好地方特色与游客需求的关系，寻求二者的协调发展，是乡村旅游产品创新设计中必须要思考的一个重点。

（四）重点与一般的关系

为了吸引更多的游客，满足不同游客的旅游需求，在开发旅游产品时，通常会开发多种旅游资源，设计多种旅游产品。但是，既往的经验告诉我们，并不是旅游产品丰富就能够吸引游客，还需要有一些优秀的旅游产品，才能够提升当代旅游产品整体的知名度。因此，在创新旅游产品时，同样要处理好重点与一般的关系，即重点创新某一种或某几种旅游产品，然后在此基础上开发一般的旅游产品，避免出现多而不精的现象。

四、乡村旅游产品创新路径

乡村旅游产品创新是乡村旅游产业发展的必由之路，但乡村旅游产品的创新并非易事，需要对乡村旅游现有资源、乡村旅游消费形式、游客旅游需求等做出系统的分析。笔者认为，乡村旅游产品创新可以围绕以下几点做出思考和尝试。

（一）乡村旅游产品形式创新

不同的游客，其兴趣也存在差异，没有一个景区能够满足所有游客的旅游需求，所以在市域的地理范围内，应该寻求产品形式的创新，丰富旅游产品形式，从而尽可能地满足不同游客的旅游需求。以阜阳市为例，阜阳市围绕乡村旅游及其现有资源，大力发展"乡村旅游+"的形式，既实现了乡村旅游产品形式的创新，又丰富了乡村旅游产品的类型，具体如表6-2所示。

表6-2 阜阳市乡村旅游产品创新的形式

产品形式	产品形式简介	产品形式示例
乡村旅游+花卉	实施新花都全域旅游建设工程，新花都打造花卉观光之旅	2017年，举办颍州西湖第九届桃花（樱花牡丹）节暨颍州区首届"花卉颍州·与您乡约"乡村旅游节；马寨乡博旺农场举办以"宣传十九大，博旺菊花节"为主题的首届菊花节；2019年4月，太和县举办第三届樱花文化旅游艺术节，打造皖北地区最大的樱花节名片和阜阳最大、最美的赏樱园
乡村旅游+文化	深度挖掘地方文化优势，转化为旅游发展优势	"复兴颍州西湖、弘扬欧苏文化"，打造集自然风光游览、历史文化体验、休闲度假为一体的"中国最美西湖"；颍上明清苑成为皖北地区迄今保存修缮最为完整、规模最大的古建筑群；太和县每年端午前在文庙举办祭屈原礼仪活动
乡村旅游+农耕文化	鼓励和支持乡村旅游重点乡镇和村发展乡村旅游。以乡村旅游景点、乡土民俗旅游等为旅游要素	2018年，举办阜阳首届农民丰收节，传承弘扬阜阳农耕文明和优秀文化传统；颍上县全力建设淮河风情庄台文化旅游景观带，将王岗镇淮罗村建成国家3A级旅游景区

产品形式	产品形式简介	产品形式示例
乡村旅游+特色产业	大力开发特色旅游产品，促进旅游商品企业融合发展	挖掘颍淮美食文化，评选出阜阳"十大名小吃、十大名菜"，打造地方美食品牌。清明节前到阜南吃蚬子成为颍淮地区乡村旅游一大亮点。阜阳枕头馍、淮河卤鲫鱼、贡椿炒鸡蛋入选安徽旅游"不得不吃的名菜"系列。颍州剪纸、豪迈户外用品、蜜香村食品、掩龙牡丹油等获得"安徽必购旅游商品（特色旅游商品）"；2017年，包头市举办首届中国民族特色旅游商品大赛，太和县蓝翎养殖作品《孔雀公主》获得金奖
乡村旅游+参与式农业	以游客满意体验为目标，对企业的有形产品和无形服务进行良好组合，让游客参与农业活动	太和县双浮镇有机良庄生态农庄，以"绿色、生态、环保、健康"为特色农业基地发展定位，实施"鱼-菜共生"种养模式；颍州区九龙镇金宏生态农庄举办金宏荷花文化节，建成开心农场、休闲景观区、垂钓园、特色采摘园

（二）乡村旅游产品消费创新

游客是乡村旅游产品的主要消费者，传统的消费方式是游客花钱观赏风景、进行休闲娱乐或购买商品。随着游客旅游需求的不断变化，传统的旅游产品消费方式已经不能满足游客的旅游消费需求，所以需要在旅游产品的消费方式上做出创新，这也是乡村旅游产品创新的一条有效路径。目前，常见的旅游产品消费方式的创新是由观赏型转变为体验型，即除了让游客观赏乡村景观之外，还要让游客参与其中。比如，设计一些农事活动，让游客亲自到田地中种植农作物、到园地中采摘水果蔬菜，从而带给游客一种深度的旅游体验。

此外，针对旅游商品，也可以从传统的直接售卖转变为游客自己制作的方式。在乡村旅游的过程中，很多游客都会购买一些当地的特色农产品或者手工艺品，针对特色农产品，可以采取游客自主采摘的方式，即游客喜欢哪些农产品，便根据自己的需求适量采摘；针对手工艺品，可以为游客提供原材料，然后指导游客自己制作，这样得到的手工艺品其价值远远超过直接购买的商品。相较于直接购买旅游商品，这种"体验+消费"的方式大大提高了旅游产品的价值，也加深了游客的消费与旅游体验，可谓是一举两得。

（三）乡村旅游产品品牌创新

在创新乡村旅游产品过程中，一定要加强品牌意识，尤其在品牌效应愈加凸显的今天，提升品牌意识，加强品牌创新，显得尤为重要。乡村旅游产业起步较晚，且知名度不大，导致很多乡村旅游产品大多处于一种名不见经传的状态，其知名范围仅仅局限在省或者市的地域范围内。当然，我国也存在一些知名度非常高的乡村旅游胜地，如乌镇、西递宏村等，其品牌效应为其带去了极高的效益。由此可见，提升乡村旅游产品品牌意识十分重要。当然，在提升乡村旅游产品品牌的同时，还应寻求旅游产品品牌的创新，即将自己的品牌与其他品牌区别开来，形成自己独特的品牌定位，并借助多种营销方式，使品牌走出去，进而利用形成旅游产品的品牌效应带动当地旅游产业的发展。

以阜阳市为例，阜阳市近些年积极打造乡村旅游名片，表 6-3 列出了阜阳市首批省级乡村旅游示范村名单，表 6-4 则针对阜阳市一些知名的乡村旅游品牌做了简要的介绍。

表 6-3　阜阳市首批省级乡村旅游示范村名单

序　号	县　区	乡村旅游示范村
1	临泉县	吴营
2	临泉县	马寨
3	界首市	代桥镇刘寨村
4	颍东区	插花镇毛桥村
5	颍东区	插花镇闸南村
6	颍东区	枣庄镇牛庙村
7	颍东区	正午镇吴寨村
8	颍东区	袁寨镇袁寨
9	颍东区	袁寨镇北照村
10	颍东区	口孜镇洪阳村

表 6-4　阜阳市知名乡村旅游品牌

乡村旅游品牌	品牌简介
颍州区金宏生态农庄	金宏生态农庄坐落于阜阳市颍州区九龙镇叶寨村郭庄，西临姜尚故里，东接古颍西湖，北依泉河风景带，南贯省道 102。园内设有智能联栋温室采摘园、有机蔬菜大棚、高品质禽类养殖场等。同时园内建成农产品展示大厅、农科教培训中心、开心农场、农事体验区、生态餐厅、休闲景观区、儿童娱乐园、拓展训练基地。2016 年，金宏被评为"市级农业产业化龙头企业"

乡村旅游品牌	品牌简介
颍州区老泉河生态农庄	老泉河生态农庄坐落于安徽省阜阳市颍泉区国家农业科技园内，有生态种植示范区、自然教育田间课堂、农耕文化教育基地、成人和儿童游览区、农家菜餐饮区、亲子农场、水上游乐与垂钓区。农庄内建有 6 座木屋民宿，菜品以农家菜、养生菜为主，食材以自种果蔬、自养禽类、河鲜为特色。农庄先后获得"国家级四星级休闲农庄""国家级星创天地""省级四星级农家乐""省级林业产业化龙头企业"称号
临泉县金谷园农家乐	金谷园农家乐坐落于临泉县老集镇的东马寨村，交通便利，地理位置优越，是一家集观光娱乐、休闲度假、劳作体验等服务于一体的综合性农家乐。金谷园农家乐以地方特色风味为主，拥有自己的蔬菜种植基地，常年提供原生态食材，更有采摘、户外劳作等原生态体验，区域内还有"月亮湾"垂钓中心、马寨客栈可供游玩。金谷园农家乐所在地东马寨村因其丰富的古树资源和独特的皖北仿古建筑被誉为"皖北第一寨"，2017 年被命名为"安徽省乡村旅游示范村"，在 2018 年被评为"安徽最美乡村旅游路线之一"
太和县有机良庄农家乐	太和县双浮镇有机良庄农家乐坐落于安徽省太和县双浮镇。环境优美，设施齐全，设置有游客接待中心、自主采摘区、特色餐厅区、生态养殖区、休闲垂钓区、休闲观光区、科普培训区、电商驿站区等旅游功能区。有机良庄是全国"万企帮万村"精准扶贫行动先进民营企业、国家 AAA 级旅游景区、国家级蔬菜标准园、全国五星级休闲农业和乡村旅游示范点、安徽省产业扶贫十大企业，扶贫模式录入全国企业精准扶贫 50 佳案例

第四节　乡村旅游营销创新

一、营销的内涵

何为营销？美国著名的营销学家菲利普·科特勒教授认为，营销是通过创造和交换产品及价值，从而使个人或群体满足欲望和需要的社会过程和管理过程。市场营销不仅是研究流通环节的经营活动，还包括产品进入流通市场前的活动，如市场调研、市场机会分析、市场细分、目标市场选择、产品定位等一系列活动，而且包括产品退出流通市场后的许多营销活动，如产品使用状况追踪、售后服务、信息反馈等一系列活动。可见，营销活动涉及生产、分配、交换、消费全过程。

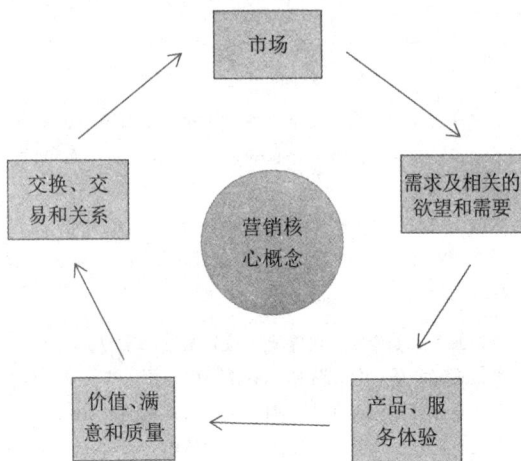

图 6-3　营销核心概念的关系图

　　从美国营销学家菲利普·科特勒对营销的定义以及营销核心概念的关系图可知，营销与我们生活中常见的推销并不是一个概念，其内涵要更为丰富，至少包含以下四个方面。

　　第一，营销需要对市场环境进行全面的分析，结合市场情况确定产品的合理定价，并选择合适的促销方式。对于企业来说，市场中的影响因素主要有两种：一种是不可控制的因素，如法治因素、政治因素等；另一种则是可控因素，如分销渠道的选择。企业应最大限度地控制可控因素，从而更好地实现营销目的。

　　第二，营销是以满足顾客需求为基础的，营销活动应该围绕顾客展开。顾客的需求是在不断变化的，为了满足不同时代背景下顾客不同的需求，企业需要具备灵活的市场反应力，随时对市场变化做出正确的反应。当然，需求不仅包含当下的需求，还包含未来的需求，所以良好的营销能够对顾客的需求进行刺激和引导，但这种刺激和引导应该是积极的，不能为了营销而营销，否则最后企业终将会为自己的行为买单。

　　第三，实现有效目标是营销活动的根本。站在企业的角度来看，营销活动虽然是围绕顾客展开的，但实现企业的目标才是营销的根本。因为对于企业而言，营销活动的目的就是要提高企业经济收入与市场竞争力，这是企业永恒不变的一个原则。

　　第四，营销是一项涉及生产、分配、交换、消费全过程的活动，产品的成功销售并不意味着营销活动的结束，后续的售后服务以及市场反馈等都属于营销的范畴。

二、乡村旅游营销的现有模式

对于任何产业而言，营销都是其发展的重要手段。旅游营销作为营销的一个分支，在乡村旅游产业的发展中发挥着重要的作用。笔者通过对当前乡村旅游产业的营销模式的分析，总结了三种基本营销模式，如图 6-4 所示。

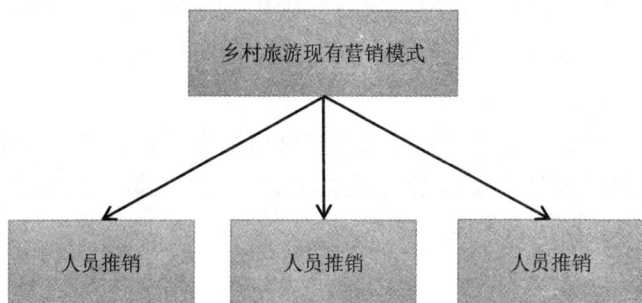

图 6-4　乡村旅游现有营销模式

（一）人员推销

人员推销是最为传统的一种营销手段，主要通过推销人员与消费者的直接沟通达到营销的目的。在乡村旅游产品营销中，人员推销仍然是一种重要的营销方式。

1.人员推销的组织结构

为了充分发挥推销人员的作用，通常会对推销人员进行合理的组织。目前，乡村旅游产品人员推销的组织结构有地区结构式、客户结构式和产品结构式三种。

（1）地区结构式。地区结构式指每个或每组推销人员负责一定区域内旅游产品的推销任务，这种组织结构便于责任的划分，同时推销人员活动范围较小，能够节省产品推销的时间与经济成本。

（2）客户结构式。客户结构式指根据客户的特点将客户分为不同的类型，每一种类型的顾客由固定的推销人员负责。该种组织结构针对性强，便于推销人员深入了解客户的喜好，并采取针对性的措施。

（3）产品结构式。产品结构式指每个或每组推销人员负责一种或几种旅游产品，该种组织结构有助于推销人员专业知识的积累，进而使推销人员利用知识的专业性争取更多的客户。

2.推销人员的职责

在乡村旅游中，推销人员除负责推销旅游产品之外，还承担着一些其他的职责。

第一，通过与客户的接触，了解市场需求信息，然后为乡村旅游产品的创新与设计提供一些参考信息。

第二，负责客户的维护。乡村旅游产品的推销并不是一次性交易，对于已经完成交易的客户，推销人员应负责继续维护。一方面是为了从客户处收集反馈信息，另一方面是为了使客户在有旅游需要的时候继续购买自己负责的旅游产品。

第三，负责从客户处得到旅游产品的反馈信息。在前文对营销内涵的阐述中已经指出，营销包含后续的信息反馈阶段。推销人员在推销完旅游产品后，应继续负责客户反馈信息的收集工作。

（二）价格营销

价格营销是一种常见的营销方式，被广泛应用到各行各业中。在乡村旅游中，价格营销有以下几种应用策略。

1.折扣策略

为了提高旅游产品对顾客的吸引力，旅游企业通常会采取折扣策略，即在旅游产品原有价格的基础上做一定的折扣。目前，乡村旅游采取的折扣策略主要有数量折扣、季节折扣和预付款折扣三种。

（1）数量折扣。数量折扣指购买旅游产品的数量越多，折扣的力度越大。数量折扣一般分为两种：一种是积累性折扣，即在较长一段时间内，随着旅游产品购买次数的增多，折扣的力度逐渐增大；另一种是一次性折扣，即一次性购买较多数量的旅游产品，获得相应的折扣。

（2）季节折扣。季节折扣就是根据季节的不同采取不同的折扣策略。包括乡村旅游在内的所有旅游产业都具有季节性的特点，通常冬季为旅游淡季，春、夏、秋季为旅游的旺季（不同的地区，其淡旺季也不同，在此仅针对一般情况）。在淡季时，为了提高游客旅游的欲望，通常会采取较大的折扣，从而缓解淡季对旅游产业造成的影响。

（3）预付款折扣。预付款折扣就是游客如果选择提前付款，会获得一定的折扣优惠，这是提前占有游客资源的一种策略。因为没有付款的游客存在一定的变数，放弃旅游也是常有发生的事情，而提前付款的方式可以降低游客发生变数的概率，从而稳定游客群体。

2.心理定价策略

心理定价策略就是通过分析消费者的消费心理，以定价的策略提高消费者购买旅游产品的积极性。心理定价策略通常包括声望定价策略与尾数定价策略两种。

（1）声望定价策略。声望定价策略利用的是品牌效应，即针对知名度高的旅游产品可以制定较高的价格。俗话讲："一分钱一分货。"对于游客来说，他们可以接受知名度高的旅游产品其价格高于市场价格。当然，为了维持旅游产品的声望，旅游产品的质量也应该与其价格成正比。

（2）尾数定价策略。尾数定价策略被广泛应用于各种营销场景中，在乡村旅游营销中也不例外。比如，某项乡村旅游产品的价格定位为198元，虽然与200元仅仅差了两元，但在潜意识中给人的价格差却远远大于两元。

（三）广告营销

广告营销也是一种广泛应用于各行各业，且非常有效的一种营销手段。在信息化时代，信息传递速度更快，传播的范围更广，广告营销的作用也更大。的确，好的广告营销可以迅速传播产品信息，提高游客的好感度，从而促进企业更加迅速地占领市场。

1.乡村旅游广告常用媒体

媒体在广告营销中起着非常重要的作用，在乡村旅游广告营销中，当前常用的媒体有宣传印刷品、广播电视、户外媒体和网络媒体四种。

（1）宣传印刷品。宣传印刷品虽然是一种较为传统的广告营销方式，但一直到今天仍旧被广泛地使用。相较于广播电视、网络媒体，虽然宣传印刷品这种广告营销方式速度较慢，但在实践中，却常常能起到不错的效果，这也是其一直存在至今的原因之一。影响宣传印刷品效果的因素有三个：文字设计、图案设计和整体效果设计，三者缺一不可。好的设计往往能够抓住游客的眼球，提高游客购买旅游产品的可能性。

（2）广播电视。广播具有覆盖范围广、及时性强、强制性等优点，但由于缺乏视觉因素，仅仅通过声音很难实现对旅游产品的有效表达，所以同时具备表现力差和遗忘性强的缺点。电视因为加入了视觉因素，所以可以通过融合形、音、色提高旅游产品的表现力，但费用昂贵。

（3）户外媒体。户外媒体主要指存在于户外的一系列广告栏。对于乡村旅游产品而言，户外媒体使用的频率较低，通常在景区所在地才会使用此处广告营销方式，因为这种方式能够直接将信息传递给前来旅游的游客，并在游客潜意识中形成一个印象，当游客需要做出选择的时候，游客潜意识的印象便会发挥作用，促使游客选择该旅游产品。

（4）网络媒体。在互联网时代，网络已经成为各行各业广告营销的主流媒体。通过网络进行广告营销，具有速度快、范围广、价格低等优点。在乡村旅游中，很多地区和企业也都积极利用网络媒体，进行旅游产品的宣传和营销工作。例如，阜阳市开通了微信公众号（图6-5），该公众号负责发布阜阳市旅游的相关信息，其中便包括乡村旅游产品。

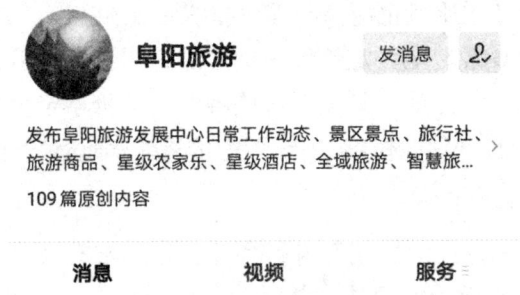

阜阳旅游　　　　发消息　👤

发布阜阳旅游发展中心日常工作动态、景区景点、旅行社、
旅游商品、星级农家乐、星级酒店、全域旅游、智慧旅…
109篇原创内容

消息　　　　　视频　　　　　服务

图6-5　阜阳旅游微信公众号首页

2.乡村旅游广告的设计要求

无论选用哪种媒体，良好的广告设计都是基础，这样才能充分发挥广告营销的作用。针对乡村旅游，其广告设计应该满足以下几项基本要求。

（1）简洁性。在产品营销中，有一个黄金15秒定律，即陌生顾客针对某个产品停留的时间平均为15秒，如果15秒内没有抓住顾客，那么结局将很有可能以失败告终。这就决定着乡村旅游产品广告的设计一定要简洁，要让顾客在短时间内了解几种产品的特点，从而提高顾客购买产品的概率。

（2）美感性。人类对于美的东西天然具有一定的好感度，同时具有追求美的需求。乡村旅游产品广告的设计必然要遵循美学原则，在将产品特征准确表达出来的基础上，使广告整体设计凸显一定的美感，从而给顾客带去良好的审美体验，进而激发顾客的购买欲望。

（3）创新性。在信息化社会中，每个人每天都面对着大量的广告信息，如果广告的内容或者形式不够新颖，将很难吸引人们的目光。因此，乡村旅游产品广告的设计要寻求内容或形式上的创新，让观看广告的人产生眼前一亮的感觉，从而提升游客对该旅游产品的好感度。

三、乡村旅游营销创新路径

创新营销理念是促进乡村旅游产业发展的有效途径，面对乡村旅游产业发展现状，乡村旅游营销的创新应该从理念、方式、产品三个方面着手。

（一）营销理念：创新理念，走出禁锢

营销是一种联系企业和消费者的活动，营销活动的展开不能只站在企业的角度，也不能只站在消费者的角度，应该同时兼顾企业与消费者的利益需求。因此，在营销理念上，企业要走出"企业利益为先"这一传统营销理念的误区，形成兼顾企业与消费者的新的营销理念。4R 营销理念分别是 relevance（关联）、reaction（反应）、relationship（关系）、reward（回报），该理论注重企业与消费者之间的长期互动，强调企业与顾客利益的兼得，是一种值得旅游企业学习和践行的营销理念，其示意图如图 6-6 所示。

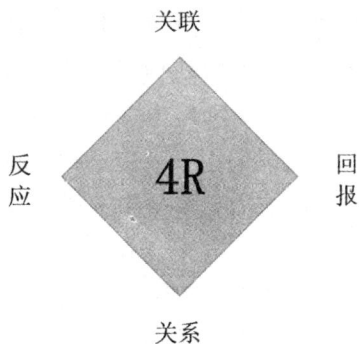

图 6-6 4R 营销理念示意图

1. 关联

产品与顾客是一个命运共同体，营销者必须通过某些有效的方式在业务、需求等方面与顾客建立关联，也就是我们平常所说的客户维系，从而形成一种互助、互求、互需的关系。关联强调的是将顾客与企业联系在一起，减少顾客的流失，以此来提高顾客的忠诚度，赢得长期而稳定的市场。当然，将企业与顾客关联起来并非一朝一夕就能完成，需要企业长期的努力和经营。

2. 反应

企业应该站在顾客的角度及时地倾听客户的建议和反馈，随时知晓客户对于产品的意见，然后对产品和宣传进行改进。如何及时地倾听顾客的希望、渴望和需求，并及时做出反应来满足顾客的需求是企业需要长期思考的问题。在

互联网时代，要做到这些其实并不是十分困难，只要企业充分利用网络媒体，在与客户互动、沟通、聊天的过程中都可以得到及时和有效的反馈。

3.关系

企业应重视与客户之间的互动关系，不要一味着眼于新客户的开发而忽视老客户，应该长期与客户保持沟通，甚至和客户发展成朋友，主动关怀，将短期利益变成长期利益。企业与顾客关系的建立同样不是一件简单的事情，但一旦与顾客之间形成良好的关系，便能够从中获得超出预期的收益。

4.回报

所有的交易关系归根结底都是经济利益问题，基于这一认识，如果在旅游过程中，企业能够给予游客适当的回报，无疑有助于拉近与游客之间的关系，也有助于提升游客的忠诚度，从而起到稳定游客、稳定市场的作用。

（二）营销方式：网络营销，与时俱进

网络营销是在互联网的基础上，通过与其他媒体进行整合，并以互联网的特性和理念去实施营销活动，更有效地促成品牌的延伸或个人和组织交易活动实现的营销方式。[①]如今，互联网已经渗透到人们的生活中，网络营销也逐渐成为乡村旅游营销的有效手段，但由于乡村的网络基础设施存在建设较晚、旅游人才欠缺等问题，导致乡村旅游对网络的有效利用仍旧不充分。面对乡村旅游网络营销现状，要发展该种营销方式，需要从以下几点做出努力。

1.加强乡村旅游从业人员网络应用意识

在信息化时代中，应用网络进行营销已经成为极其重要的手段，每个从事乡村旅游的企业或个人都应该充分利用网络平台对其产品进行营销。对企业而言，多数企业已经具备了网络意识，能够借助互联网进行产品营销，并且也取得了不错的成效。例如，安徽阜阳市的八里河风景区开设了微信公众号用于旅游宣传（图6-7）。但对于个人而言，如乡村中经营农家乐的个体，他们中的很多人都没有认识到网络营销的作用和价值，仍旧采取传统的营销方式，极大地影响了他们的营销效果。因此，针对乡村旅游中的个体经营者，要加强他们网络应用的意识，让他们学会利用网络进行营销，从而用网络助推乡村旅游产业的进一步发展。

---

① 邹统钎．乡村旅游：理论·案例（第二版）[M]．天津：南开大学出版社，2017：73．

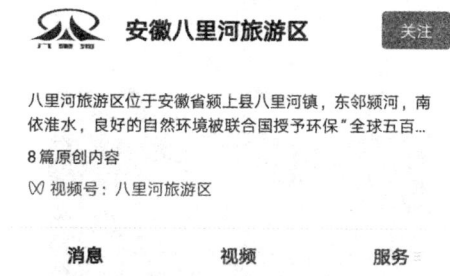

安徽八里河旅游区 关注

八里河旅游区位于安徽省颍上县八里河镇，东邻颍河，南依淮水，良好的自然环境被联合国授予环保"全球五百…

8篇原创内容

ⓦ 视频号：八里河旅游区

消息　　　　视频　　　　服务

图6-7　阜阳八里河风景区公众号首页

2.充分利用各种网络平台进行营销

随着互联网的发展，越来越多的网络平台涌现出来，并逐渐渗透到我们的生活之中。在乡村旅游的网络营销中，要充分利用各个网络平台，扩大营销的范围，从而提升营销的效果。比如，抖音、微信公众号、微博等自媒体平台，这些平台具有较强的互动性，且平台用户非常活跃，如果能够有效利用这些自媒体平台，将会起到非常理想的营销效果。上文提到的阜阳旅游以及八里河风景区便是利用微信公众号这一自媒体进行营销，取得了一定的成效。再如，携程、去哪儿、马蜂窝等电子商务平台，电子商务是网络营销的一种有效手段，在网络时代中，借助互联网进行产品销售已经成为不可或缺的一种方式，有效地利用电子商务平台可以同时实现销售与推广的双重目的。此外，各地方或企业也可以结合资金以及人才资源等情况建设自己的网络平台。例如，安徽省针对乡村旅游开发了"安徽乡村旅游"App（图6-8），该App具备购物、查询订单、搜索商品、行业资讯和产品评价等功能，为安徽省乡村旅游的游客提供了极大的便利。

图 6-8 "安徽乡村旅游" APP 主页

3. 加强乡村旅游信息人才建设

乡村旅游网络营销的落实需要专业信息人才的支撑，面对乡村信息专业人才缺乏的现状，加强人才建设显得尤为重要。乡村旅游信息人才属于复合型人才，既要懂信息技术专业知识，又要对乡村旅游有一定的了解和认知。对乡村旅游信息人才的建设可以从两方面着手：一是引进外地人才；二是加强对本地人才的培训。针对外地乡村旅游信息人才，政府应加强政策引导。例如，阜阳市在旅游人才队伍建设方面制定了三条鼓励政策：①对获得国家高级和中级导游资格、外语导游资格后且在阜阳从事专职导游工作满三年以上的，分别一次性给予每人 1 万元、5000 元的奖励。②对在阜阳从事导游工作获得市级"金牌导游员""银牌导游员"荣誉称号或者入选"阜阳旅游人才计划"的旅游人才，从第二年开始，每月给予他们 800 元的人才津贴，其间如离开本市到外地工作，即时取消津贴。③对获得国家旅游服务技能大赛一等奖、二等奖、三等奖的本市选手，分别一次性给予 2 万元、1 万元、5000 万元的奖励。对获得省级旅游服务技能大赛一等奖、二等奖、三等奖的本市选手，分别一次性给予 1 万元、5000 元、3000 元的奖励。但是，针对乡村旅游信息人才建设还没有具体的政策，在这一点上需要做进一步的努力。针对本地人才的培训，可采取印发学习资料、讲座、开设培训班等方式，对乡村旅游从业人员进行统一的、有计划的培训。

（三）品牌营销：品牌为本，质量为王

品牌营销就是各营销主体通过一系列的营销活动将品牌的实体层面与精神层面结合起来，培养品牌差异，建立品牌个性，并获得消费者认知、青睐，最终提高品牌的知名度与美誉度的营销方式。[①]品牌营销的策略就是打造乡村旅游品牌，借助品牌效应实现对乡村旅游的营销。关于乡村旅游产品品牌的打造，笔者在本章第三节已经做了相关阐述，在此便不再赘述。

---

① 邹统钎.乡村旅游：理论·案例（第二版）[M].天津：南开大学出版社，2017：76.

第七章　乡村文化传承与旅游产业的融合发展

第一节　乡村文化推动乡村旅游产业发展

一、乡村文化为乡村旅游产业发展带来的机遇

（一）乡村文化丰富了乡村旅游产业的内容与文化内涵

如今，乡村旅游的热度越来越高，越来越多的人将乡村作为旅游的目的地。乡村文化作为乡村旅游中的重要文化资源，极大地丰富了乡村旅游的内容与文化内涵。事实上，乡村文化本身就具有丰富的内涵，关于这一点，笔者在本书的前两章做了系统的论述，从某种意义上说，乡村旅游产业的快速发展依赖丰富的乡村文化。乡村之所以能对游客产生巨大的吸引力，除了其自然生态环境能够为游客提供休闲娱乐场所之外，还因为其丰富的文化内涵能够让游客获得精神上的满足。笔者通过对比乡村和城市，发现两者之间在以下两个方面存在着巨大差异：一是环境；二是文化。乡村良好的自然生态环境是现代城市所不具备的，所以长期生活在城市中的人会心向往之。但是，仅仅在生态环境上具有优势不足以支撑乡村旅游产业的可持续发展，而乡村文化的融入丰富了乡村旅游产业的内容与文化内涵，能够给游客带去差异化的文化体验，并使其留下深刻的印象，从而推动乡村旅游产业的可持续发展。

（二）乡村文化满足了旅游者更高的文化追求

随着物质生活水平的不断提高，人们对精神文化的需求越来越高。根据马斯洛的需求层次理论可知，当人类的低层次需求得到极大满足后，自然会追求更高层次的满足，而精神文化需求正属于较高层次的需求。现阶段，我国社会

主要矛盾已经转化为人民日益增长的美好生活需要和不平衡不充分的发展之间的矛盾。显然，人们对美好生活的需求不仅包含物质上的需求，还包含精神文化上的需求。其实，从近年来不断涌现的书院热、博物馆热等现象中不难看出，人们对精神文化的需求在不断增大。旅游作为能够较好满足人们精神文化需求的一种途径，其发展一直呈现上升的态势，而乡村旅游凭借其丰富的文化底蕴，自然也能够满足旅游者文化层面的需求。因此，基于乡村文化开发的乡村旅游能够满足旅游市场当前以及未来的发展需求，这对乡村旅游产业的发展来说无疑是释放了一个积极的信号。

二、乡村文化推动乡村旅游产业发展的建议

乡村文化作为重要的乡村旅游资源，对推动乡村旅游产业的发展具有非常积极的作用，但从旅游实践来看，虽然很多地方具有丰富的乡村文化，但旅游产业的发展并不理想，一个重要的原因是没能有效地利用乡村文化。在此，笔者针对如何利用乡村文化推动乡村旅游产业的发展提出几点建议。

（一）深入挖掘乡村文化资源

乡村文化是中国传统文化的根基，而乡村作为乡村文化的载体，在较长时间的发展过程中，积累了丰富的乡村文化。随着乡村旅游热度的不断提升，一些传统村落开始梳理和挖掘历史文化资源，并努力将这些文化资源转变成旅游资源，如江宁杨柳村打造了金陵民俗第一村，高淳漆桥古镇打造了金陵第一古村落；溧水诸家村举行了"捕捞节"祭拜妈祖、挑选祭祀"头鱼"打造了渔家文化；浦口江坂组围绕书画家林散之打造了草书文化；江宁黄龙岘主打茶文化，打造了金陵茶文化旅游第一村；等等。这些村落通过挖掘乡村文化，成功地实现了乡村传统产业与旅游产业的融合，促进了乡村经济的发展。

但是，一些乡村在挖掘文化旅游资源的过程中产生了不少问题。一方面，历史文化资源挖掘深度不足、意识形态高度不够，未能转化成新时代的社会治理资源。比如，江宁佘村、杨柳和高淳漆桥等传统村落古建筑众多，更注重古建筑的修复和保护，但对类似潘家祠堂、朱家祠堂、孔氏宗祠等蕴藏传统乡土文化精神的场所挖掘利用不充分，未能提炼出历史文化资源中能够培育乡风文明、提升乡村治理成效的元素，也未能将其有效地运用到乡风文明培育和转化成新时代的社会治理资源过程中。另一方面，乡村文化资源与产业的融合度不够，这些地区仅仅利用乡村文化吸引游客，然后凭借餐饮、住宿、旅游纪念品获得利润，但并没有将两者有机地结合起来，导致游客的旅游体验相对较差，

从而影响了乡村旅游产业的长远发展。

对于乡村而言，乡村文化是其独有的文化资源，在推动乡村旅游产业发展中发挥着重要的作用。各地区应该深入挖掘区域内的乡村文化，传承地域文化特色，并将乡村文化资源与旅游产业有机地结合起来，从而利用乡村文化推动乡村旅游产业的可持续发展。

（二）打造乡村文化品牌

在前面，笔者曾多次提到品牌效应，在人们的品牌观念愈加强烈的今天，品牌的作用愈加凸显。打造乡村文化品牌能提高乡村文化的知名度，从而增加其对游客的吸引力。在我国，不同地区、不同民族之间的文化存在较大的差异，这造就了我国乡村文化的多元性。然而，在多元的乡村文化中，真正形成品牌，并且在全国具有一定知名度的并不多，大部分乡村文化仅在其所在省或者市的范围内被人们所熟知。当然，我国也存在一些知名度非常高的乡村文化，如西递、宏村的村落文化，湘西的民俗文化，等等，其品牌效应为其带来了极高的效益。由此可见，打造乡村文化品牌十分重要。

例如，古丈县墨戎苗寨作为传统的苗族聚居村，依托底蕴丰厚的民族民间文化资源，被打造成了远近闻名的旅游村落。在村落中，游客不仅可以欣赏到动人的苗歌，体验到丰盛的苗家长龙宴，还可以观看到墨戎神秘的巫傩表演，传统的银器锻造以及刺绣蜡染印花工艺。此外，边边场、四方鼓舞、苗族四月八、赶秋节等当地传统节日和活动精彩纷呈。在打造乡村文化品牌的过程中，很多非遗传承人大显身手，苗族民歌省级代表性传承人吴腊宝就是其中的一位。吴腊宝演唱的苗歌清脆、纯正，宛如天籁。为了更好地传承和展示苗歌文化，她从吉首来到古丈，走进墨戎苗寨，成为苗寨的民歌队队长，带动越来越多的群众加入了苗歌传承队伍，也拓宽了当地的文化旅游产业的发展之路。2018 年，墨戎苗寨接待游客达 102 万人，全村旅游收入 1.5 亿元，村民人均年收入达到 1.8 万元。该村也于当年率先实现整体脱贫，并被评为湘西旅游示范村、省级特色旅游名村。

（三）加强对乡村文化的保护

乡村文化虽然能够促进乡村旅游产业的发展，但其脆弱性决定着乡村文化容易受到破坏，如果乡村文化被破坏，无疑会影响乡村旅游产业的发展。因此，为了推动乡村旅游产业的可持续发展，必须要加强对乡村文化的保护工作。关于乡村文化保护的策略，笔者在本书第三章第二节已经做了系统的论述，在此不再赘述。

第二节　旅游产业促进乡村文化传承

一、旅游产业为乡村文化传承带来的机遇

（一）旅游产业的发展为乡村文化传承提供了动力支持

乡村文化传承的主体是人，而在城市文化的持续影响下，愿意传承乡村文化的人越来越少，这使得很多乡村文化面临失传的危险。乡村旅游产业的发展使乡村文化再次引起人们的关注，越来越多的人开始重视起日渐衰落的乡村文化，并逐渐投入乡村文化的传承与保护中。村民作为乡村文化传承的主体，在看到社会大众对乡村文化的关注之后，目光逐渐从城市文化转向乡村文化，开始重新审视自己身边的文化，并由此感到前所未有的身份认同感与自豪感。此外，乡村旅游产业的发展带动了乡村经济的发展，而乡村文化作为乡村旅游的重要资源，开始不断被发掘，并凸显出较高的经济价值。在经济效益的驱动下，村民传承乡村文化的意识获得了极大的提高，越来越多的村民自觉参与到乡村文化的发掘、保护与传承中，并通过乡村文化获得了经济效益。事实上，在乡村文化传承中，我们不能将文化与经济完全隔离开来，对于很多人来说，经济效益是传承乡村文化的重要动力。显然，乡村旅游产业的发展提高了乡村文化的经济效益，这是其带动众多村民自觉进行乡村文化传统的一个重要原因。

（二）旅游产业的发展促进了传统文化活动的恢复

在现代社会中，乡村中一些传统的文化活动逐渐失去了其本来的价值。比如，在农业生产向机械化、信息化过渡的今天，一些祈求丰收的民俗活动已经失去了其价值，所以逐渐被搁置和忘却。但传统文化活动作为乡村旅游产业中的旅游资源，能够帮助游客感受到乡村传统文化的魅力，并让游客在活动体验中获得良好的旅游体验。因此，一些发展旅游产业的乡村逐渐恢复了传统文化活动，那些曾经传承了几百年、数千年的文化景象在停止了一段时间后又再次出现，向每一位前来旅游的游客诉说着这片土地曾经的历史与繁荣。例如，随着城市化建设的进程的加快，丽江纳西的古乐曾经一度处于濒临失传的境地，但随着丽江旅游产业的发展，纳西古乐又再次焕发了新的生机，成了丽江旅游的一个名片。

二、旅游产业促进乡村文化传承的建议

旅游产业的发展为乡村文化的传承提供了机遇，但旅游产业的发展同样也会对乡村文化造成消极的影响。的确，乡村旅游产业的发展离不开对乡村文化资源的开发，但对乡村文化资源的开发不可避免地会造成某种程度的破坏。关于开发与保护继承的关系，笔者在本书第五章也做了系统的论述，二者是一种既关联又矛盾的关系。由此可见，要发挥旅游产业对乡村文化传统的促进作用，就需要将乡村旅游文化资源开发造成的负面影响降到最低，寻求二者关系的平衡。

第三节　乡村文化传承与旅游产业融合发展的典型案例——以阜阳市为例

阜阳简称阜，别名颍州、汝阴、顺昌，位于安徽省西北部，华北平原南端。阜阳风景优美，颍州西湖历史上曾经与杭州西湖相媲美；阜阳乡村文化深厚，阜阳剪纸、临泉杂技、颍上花鼓灯等被列为国家非物质文化遗产。依托于丰富的乡村文化，阜阳积极发展乡村旅游产业，不仅促进了当地旅游产业的发展，还带动了乡村经济活力，同时推动了乡村文化的保护与传承。在本节中，笔者以阜阳市的阜南县和颍上县为例，针对阜阳的乡村文化传承与旅游产业的融合发展做简要的分析。

一、阜南县

阜南县隶属安徽省阜阳市，位于阜阳市南部，林业、农业资源丰富。阜南县文化底蕴深厚，很多传统技艺扬名在外，如嗨子戏、柳编，在2010年被列为国家级非物质文化遗产。阜南县也存在不少的自然景观与人文景观，如王家坝、淮河公园、五岳庙古松等。但综合来看，与其他县域相比，阜南县在人文景观与自然景观上并不突出。在这种大环境下，阜南县另辟蹊径，深入挖掘其历史文化资源，将旅游与文化有机融合，从而推动了县域旅游产业的发展。而面对乡村旅游产业，阜南县依托乡村文化，在传承乡村文化的基础上，带动了乡村旅游产业的发展。

以阜南县黄岗镇杨寨村为例，该村落依托于柳编这一非物质文化遗产，大

力发展手工艺品，在促进旅游商品业发展的同时，也促进了柳编这一手工技艺的传承。黄冈柳编历史悠久，文化底蕴深厚，该地种植杞柳的历史有上千年，编织的历史也有数百年。据明正德《颍州志》记载："淮濛盛产水荆（注：当时把杞柳称为水荆），采伐加工，洁白如玉，坚韧如藤。"在这里，很多人都掌握了柳编这一传统技艺，在一户户的院落里，村民们摆弄着手里的柳条，一个个精美的柳编手工艺品在欢声笑语中一点点成型。

　　纵观阜南县的发展模式，有两点值得其他县域学习。其一，科学规划，加强基础设施建设。政府认真做好乡村旅游项目的谋划工作，编制了《旅游招商手册》，将老观乡庄台开发、地城镇万亩藕塘景区旅游基础设施、王家坝李营村乡村旅游建设、柴集镇旅游开发等旅游扶贫项目推荐给县扶贫办，指导督促做好前期工作。完成了四里湖旅游度假区概念性规划编制，启动王店孜、焦陂旅游规划。督导乡镇落实规划引领，全面推进景区建设。王家坝抗洪纪念馆及庄台旅游开发、老观芡实种植基地和垂钓中心等项目顺利推进。2018年，旅游累计投资8亿多元，枫柏岗景区（3A）、七彩大地景区（3A）等景点建成开放。其二，加大阜南旅游宣传力度。为进一步推动乡村文化与旅游产业的融合发展，阜南县鼓励各乡镇举办民俗节日，并将各乡镇的民俗节目串联起来，打造了阜南县乡村文化（美食）旅游节，开展了"游乡村美景、品乡村菜肴、享农家乐趣、农产品采摘"等系列活动。与此同时，阜南县利用各种旅游节日加大宣传力度，提高了阜南旅游资源的知名度，抓住苗集梨花节、王家坝湿地音乐节、洪河桥龙虾节、方集牡丹节、地城荷花节等活动，采取网络、电视、广播等方式积极进行宣传，为阜南旅游文化宣传造势，收到了良好效果。在一系列的努力下，阜南乡村文化的知名度不断提高，促进了其保护与传承；同时阜南县文化旅游产业获得了快速的发展，2018年，游客接待量突破260万人次，旅游收入超过15亿元。

二、颍上县

　　颍上县隶属安徽省阜阳市，其历史悠久，早在三千多年前的西周时期便建立邑治，称为"慎邑"，隋大业二年（公园606年）改名为颍上。颍上是鱼米之乡，农产品类型非常丰富，有水稻、小麦、红薯、玉米等农产品。颍上文化艺术丰富，其中，颍上花鼓灯凭借其独特的艺术表现形式以及浓郁的地方特色，在2006年被列为全国首批非物质文化遗产。颍上处于南北交融之地，民俗风情也兼容了南北的特色。比如，南方祭灶的时间是腊月二十四，北方祭灶的时间是腊月二十三，而在颍上县，在腊月二十三和二十四都有祭灶的人。颍上的自然景观与人文景观也较为丰富，如八里河风景区、颍上明清苑、迪沟生态景区、颍上花园小镇等。

颍上县依托其丰富的人文资源与自然资源，树立了"全域旅游"的理念，并在"全域旅游"理念的指导下，将乡村文化与旅游产业融合起来，着力打造"生态颍上、皖北水乡"等特色旅游品牌，不仅弘扬了乡村传统文化，推动了乡村文化的保护与继承，还促进了乡村旅游产业结构的升级，带动了乡村经济的发展。

以颍上县王岗镇淮罗村为例，该村庄位于王岗镇的最南端，由大罗台、二罗台、八大家、道郢孜、柳林孜5个庄台组成，之所以存在庄台，是因为该村庄位于沿淮行蓄洪区，每当发洪水时，村庄便有被淹没的危险，为了避免村庄被淹没，村民用土堆起了一个个高台，然后在高台上修建房子，由此形成了特殊的村落形式——庄台。庄台类似一种人工岛的防洪工程，虽然这种特色的村落形式避免了房屋被淹，但特殊的地理位置仍旧影响着当地人的生活生产，为了改善这种情况，颍上县针对淮河流经的十几个乡村进行了整体的规划，在加强基础设施建设的基础上，利用王岗镇淮罗村独特的村落形式以及庄台文化大力发展乡村旅游产业，旨在将村庄打造成"宜居、宜游、宜业"的特色庄台、生态庄台。如今，王岗镇淮罗村已经成为远近闻名的旅游乡村，不仅促进了经济的发展，还完整保留了庄台的村落形式。2018年，王岗镇淮罗村被评为"国家 AAA 级旅游景区"，2020年，被评为"第二批国家级乡村旅游重点村"。

纵观颍上县的发展模式，与阜南县有许多相似之处。一方面，重视乡村基础设施建设。在 2015—2018 年的四年时间里，颍上县共投入了约 23 亿元用于乡村交通基础设施建设，同时结合省道与乡村公路，对乡村道路系统进行优化，使其能够辐射到每一个乡村景点。与此同时，政府着力完善乡村旅游扶贫重点村旅游客栈、民宿等旅游基础设施及公共服务配套设施，全县发展民宿 800 户。另一方面，重视全域规划。颍上县树立了"全域旅游"的理念，并在此理念下的指导着力打造"繁星满天、众星拱月"的生态局面，积极整合花园小镇、小张庄、明清苑、三王村、淮罗等生态村镇等旅游景点，串联成了一条美丽的城乡旅游风景线。在一系列的努力下，颍上县促进了乡村文化的保护与传承，同时促进了旅游产业的发展。2018年，颍上县共接待游客 690 万人次，同比增长 30.1%；旅游总收入共计 50 亿元，同比增长 31%。2021年，颍上县入选"全国县域旅游发展潜力百佳县"。

参考文献

[1]   焦爱英，郭伟．乡村文化产业发展与天津的实证研究 [M]．北京：中国铁道出版社，2019.

[2]   吴晓蓉．新农村建设背景下乡村文化体系构建与管理研究 [M]．北京：中国商务出版社，2018.

[3]   胡天申．点点说说——乡村文化建设初探 [M]．杭州：浙江工商大学出版社，2014.

[4]   于影丽．社会转型期乡村文化：传承与断裂——玉村教育人类学考察 [M]．北京：教育科学出版社，2012.

[5]   宋军令．文化传承视野下的中国乡村旅游发展研究 [M]．北京：中国环境出版社．2017.

[6]   黄明辉，王廷勇．乡村文化传承与现代乡村发展 [M]．成都：四川大学出版社，2019.

[7]   王春华．新农村背景下的乡村文化传承与发展 [M]．北京：九州出版社，2018.

[8]   叶文，成海．旅游融合发展 旅游产业与乡村建设 [M]．北京：中国环境出版社，2016.

[9]   宁泽群．农业产业转型与乡村旅游发展——一个乡村案例的剖析 [M]．北京：旅游教育出版社，2014.

[10]   陈萍萍．当代乡村旅游产业发展研究 [M]．北京：中国纺织出版社，2020.

[11]   马亮．乡村旅游产业创新实践与案例分析 [M]．北京：中国农业出版社，2019.

[12]   汪莉霞．乡村旅游开发与产业化发展探究 [M]．北京：中国农业出版社，2020.

[13]   宋飞宇．乡村旅游与农业产业转型研究 [M]．北京：中国原子能出版社，2019.

[14]   吴卫东．武汉市乡村民宿旅游开发研究 [J]．中国商论，2021(14):37-39.

[15]   侯博君．新华村传统工艺带动乡村振兴发展模式研究 [J]．美术学报，2021(4):124-128.

[16] 鲁黎明,张书文,杨芳绒,等.乡村振兴背景下文化传承型乡村景观评价——以广西省北流镇鸭埌村为例 [J]. 河北林业科技,2021(2):18-22.

[17] 吴超琴,王娟.民俗文化在乡村文创产品设计中的应用研究——以顺德青田村烧番塔为例 [J]. 西部皮革,2021,43(12):123-124.

[18] 张昆.乡村振兴背景下的辽阳市观光农业发展探析 [J]. 农业科技与装备,2021(4):61-62.

[19] 庄伟光,张俊,武文霞.乡村振兴视域下休闲农业与旅游产业的融合发展机制——以广东台山中国农业公园为例 [J]. 开发研究,2021(2):124-132.

[20] 王乐,孙瑞芳.乡村振兴背景下乡村教师传承乡土文化的责任、困境与路向 [J]. 当代教师教育,2021,14(2):24-30.

[21] 殷轶豪.打造农耕文化绿洲 助推昆山乡村振兴 [J]. 南方农机,2021,52(11):66-68.

[22] 廖开顺.多维视域下的客家文化及其传承创新 [J]. 黄河科技学院学报,2021,23(6):38-44.

[23] 刘昂.新型城镇化视域下河南省乡村旅游的产业导向研究 [J]. 农村.农业.农民(B 版),2021(7):25-27.

[24] 白姣.新时代乡村文化的传承路径——以大众文化为视角 [J]. 农业经济,2021(6):56-57.

[25] 余成斌.文旅融合背景下乡村传统文化传承与保护策略研究 [J]. 农业图书情报学报,2021,33(5):51-63.

[26] 查晓丹,张杰.文化传承型乡村的环境治理之道——以苏州李市村、陆巷村为例 [J]. 农村经济与科技,2021,32(10):12-14.

[27] 吕璐芳.乡村文化振兴背景下农业文化遗产复兴研究 [J]. 河北农业大学学报(社会科学版),2021,23(3):87-93.

[28] 张静,朱红兵.传统村落旅游地居民效益感知的前因与效应评价研究 [J]. 辽宁工业大学学报(社会科学版),2021,23(4):25-29.

[29] 曾秀兰.乡村振兴背景下社会工作参与乡村文化治理：角色及路径 [J]. 探求,2021(3):100-105+120.

[30] 杨青云.关于文化助力乡村振兴的探析 [J]. 现代农业研究,2021,27(6):81-82.

[31] 郭笑雨.论新时代乡土文化传承的伦理意蕴 [J]. 安徽农业大学学报(社会科学版),2021,30(3):20-25,82.

[32] 周宇.文化景观在乡村景观设计中的应用探析——以浙东"唐诗之路"班竹村为例 [J]. 美与时代(城市版),2021(5):58-59.

[33] 谷胜男．"文化＋旅游"推进我国乡村旅游创新发展的思考 [J]. 南方农机，2021,52(9):64–65.

[34] 郑逸琛，姚馨怡，曾婉玲．乡村振兴战略视角下岭南村落文化的传承与发展——以《守望家声 2》系列专题纪录片为例 [J]. 科技传播,2021,13(9):113–115.

[35] 梁若冰．文化自信引领乡村文化建设的实践路径 [J]. 内蒙古社会科学,2021,42(3):190–196.

[36] 张俊娥，王纳威，王丹，等．新时代社区教育助推乡村文化振兴战略的实践探讨 [J]. 成人教育,2021,41(5):38–41.

[37] 吕龙，陈晓艳．乡村文化记忆的场域认知、依恋与传承关系——以苏州金庭镇为例 [J]. 热带地理,2021,41(3):485–494.

[38] 甘麒燕，李生，郭海棠．乡村振兴视域下广西民族古村落书院文化传承调研报告——以南宁市三江坡古村落文化书院的建设为例 [J]. 文化创新比较研究,2021,5(13):118–122.

[39] 杨津津．乡村茶文化旅游开发现状及发展对策 [J]. 农村．农业．农民 (B 版),2021(7):31–32.

[40] 马甦．传递苗族乡村文化 振兴湖南乡村发展——论城步苗乡木叶吹歌的传承与发展策略 [J]. 艺术家,2021(5):148–149.

[41] 杨莎．乡村振兴战略下优秀传统文化的传承探析 [J]. 农村经济与科技,2021,32(8):278–280.

[42] 李丽娟．乡村旅游中"乡土性"的传承与保护 [J]. 社会科学家,2021(5):57–62.

[43] 刘大泯．文化建设在贵州乡村振兴中引领作用的对策措施 [J]. 贵州师范学院学报,2021,37(4):53–57.

[44] 黄碧蓉，李乐为．民族地区乡村文化振兴的内生动力机制研究 [J]. 怀化学院学报,2021,40(2):6–10.

[45] 李宏勇，岳澎，安培培．推动乡村文化振兴的路径探讨 [J]. 三晋基层治理,2021(2):39–43.

[46] 马甦．湖南城步苗乡木叶吹歌在乡村振兴中的发展与应用研究 [J]. 戏剧之家,2021(13):73–74.

[47] 孔华．非物质文化遗产传承与乡村文化再生——以安徽省东至福主庙会为例 [J]. 黄山学院学报,2021,23(2):89–93.

[48] 孙杰远．乡村教育应在文化选择中重塑主体性与自觉性 [J]. 探索与争鸣,2021(4):12–14.

[49] 陈祖龙.乡村振兴背景下内陆旅游区旅游经济空间格局与影响因子分析——以贵州省为例[J].南方农机,2021,52(13):56-58,66.

[50] 张岳军.乡村振兴下特色农产品和旅游融合发展的动因、内容及保障机制研究[J].中国商论,2021(13):28-30.

[51] 杨良山,柯福艳,徐知渊,等.振兴我国乡村文化的几点思考[J].农业经济,2021(7):51-52.

[52] 马夏怡.广西兴安红色旅游文化研究[J].文化产业,2021(19):154-155.

[53] 李波,宋其洪.新时代乡村文化振兴的价值定位与实施路径[J].山东农业大学学报(社会科学版),2021,23(2):28-32,42.

[54] 陈心怡,丁胜.生态文化视角下乡村旅游产业发展模式分析——以音乐节为例[J].中国林业经济,2021(4):83-85,137.

[55] 沈士明."旅游+"背景下乡村旅游产业转型升级模式与策略研究[J].中国林业经济,2021(4):86-88.

[56] 朱迪,邢韦,刘爱国,等.金融扶持对旅游业发展的动态模型研究[J].商展经济,2021(12):28-30.

[57] 沈洁,竺一涛,张李进,等.乡村振兴战略背景下旅游产业顾客定制研究与实证——基于临安天目山镇的调查[J].中国商论,2021(12):40-43.

[58] 张琳,贺浩浩,杨毅.农业文化遗产与乡村旅游产业耦合协调发展研究——以我国西南地区13地为例[J].资源开发与市场,2021,37(7):891-896.

[59] 赵婷婷.发展乡村旅游是乡村振兴战略的重要抓手[J].现代金融导刊,2021(6):26-30.

[60] 张茂婷,龚殊.春风村旅游业发展情况研究[J].旅游与摄影,2021(12):45-46.

[61] 魏笑地.论乡村振兴视野下农业生态旅游发展创新[J].旅游与摄影,2021(12):77-78.

[62] 王琳玲.浙江省农旅融合发展助推乡村振兴创新研究[J].农村经济与科技,2021,32(11):71-72,168.

[63] 汤晓丹.黔南州农旅融合助推乡村振兴的实践与思考[J].农村经济与科技,2021,32(11):73-75.

[64] 李旺.后生产主义背景下乡村旅游可持续发展研究——以永康市为例[J].农村经济与科技,2021,32(11):81-83.

[65] 朱龙基.乡村旅游文化创意问题分析——以池州杏花村为例[J].旅游纵览,2021(12):18-20.

[66] 杨孟梦,陈雨含.因地制宜,融合共生——"旅游+"发展模式研究[J].旅游纵览,2021(12):61–63.

[67] 张韦啸.湖北宜昌市五峰县乡村文化创意研究[J].旅游纵览,2021(12):124–126.

[68] 蓝燕.促进乡村振兴:旅游产业发展动力新转向[J].旅游纵览,2021(12):143–146.

[69] 武永成.乡村振兴背景下乡村文化与乡村旅游融合发展研究[J].山东农业工程学院学报,2021,38(6):64–68.

[70] 付晗茜.乡村振兴背景下县域景区的发展探究——基于睢县北湖景区实地调研[J].大陆桥视野,2021(6):67–68.

[71] 韦晨.乡村农旅融合新业态探究[J].广东蚕业,2021,55(6):145–146.

[72] 李万东.乡村振兴下的冀北地区农旅产业"1+X"协同发展模式研究[J].中国农村科技,2021(6):52–54.

[73] 赵爱华.乡村振兴战略下辽宁旅游业与农业的融合发展[J].辽东学院学报(社会科学版),2021,23(3):39–45.

[74] 张娟,高文洁,聂雅茹,等.基于乡村振兴背景下民族文化与旅游产业相结合的发展路径探究——以广西百色市为例[J].现代商业,2021(16):58–60.

[75] 周晓倩,陈丽荣,颜廷利,等.无锡市乡村旅游产业融合转型升级研究[J].江苏商论,2021(6):68–69,81.

[76] 林凤.非遗视角下江西乡村旅游发展策略研究[J].旅游纵览,2021(11):80–82.

[77] 霍震.农村旅游发展格局的演变特征与影响因素研究[J].农业经济,2021(6):60–61.

[78] 韩博然.乡村旅游经济产业优化升级策略[J].社会科学家,2021(4):52–57.

[79] 王红梅.乡村文化旅游产业高质量发展要下"实"功夫[J].当代广西,2021(11):16.

[80] 段铁梅,刘辛田.乡村振兴战略背景下茶旅融合发展探析——以湘乡市毛田镇为例[J].湖南人文科技学院学报,2021,38(3):63–67.

[81] 杨震.乡村振兴背景下的河南沿黄村落民宿景观设计[J].美与时代(城市版),2021(5):52–53.

[82] 李佳伟,李政.北京乡村文化旅游产业发展现状与规划——以清水镇江水河村为例[J].智能建筑与智慧城市,2021(5):61–62.

[83] 杨正,普文慧,董明慧.乡村旅游背景下花腰彝族民俗文化价值探究——以云南省石屏县水瓜冲村为例[J].旅游与摄影,2021(10):82–83.

[84] 邓雨薇,黄菲.乡村振兴战略与乡村生态旅游互动融合发展研究[J].旅游与摄影,2021(10):88–89.

[85] 吴潇, 林语倩, 曾令虎. 农村产业融合模式推进乡村振兴研究——以巢湖市三瓜公社为例 [J]. 农村经济与科技, 2021,32(9):35–38.

[86] 赵艳春, 李莉. 加强生态文明建设 推进乡村文化旅游康养产业发展的思考 [J]. 财经界, 2021(15):53–54.

[87] 谢影, 杨春丽. 生态农业与乡村旅游管理模式探索 [J]. 食品工业, 2021,42(5):513.

[88] 张祝平. 乡村振兴背景下文化旅游产业与生态农业融合发展创新建议 [J]. 行政管理改革, 2021(5):64–70.

[89] 黄婷. 乡村振兴战略下广西旅游产业融合发展研究 [J]. 中小企业管理与科技 (下旬刊),2021(5):70–71.

[90] 李萍. 新时期背景下乡村民宿与旅游产业融合发展分析 [J]. 旅游纵览, 2021 (10):133–135.

[91] 徐立敏, 谭诚. 城乡融合背景下我国乡村旅游产业园区开发研究 [J]. 农业经济, 2021(5):43–45.

[92] 杨铠伊. 黔东南少数民族地区特色旅游产业与乡村振兴探索 [J]. 西部旅游, 2021 (5):13–14.

[93] 杨淳. 乡村振兴背景下丽江特色旅游小镇发展路径研究 [J]. 西部旅游, 2021 (5):17–19.

[94] 张倩倩, 刘影. 乡村振兴战略背景下衢州民俗类 "非遗" 英译探究 [J]. 文化创新比较研究, 2021,5(14):155–158.

[95] 江伟, 周敏. 农文旅融合下乡村文化发展趋势 [J]. 江苏农村经济, 2021(5):50–51.

[96] 韩秀平. 乡村振兴战略下农旅融合协同发展模式与路径研究——以浙江台州市为例 [J]. 中国商论, 2021(9):150–152.

[97] 卓丽娜, 史玉丁. 乡村旅游产业供给侧结构性改革策略 [J]. 当代旅游, 2021, 19(13):29–30.

[98] 李龙兴. 以生态文明理念促进贵州乡村旅游提质增效策略 [J]. 当代旅游, 2021, 19(13):31–32.

[99] 孙圣勇. 基于旅游管理的乡村旅游产业制度发展研究 [J]. 旅游与摄影, 2021 (9):14–15.

[100] 陈志军. 探析乡村振兴对乡村旅游经济发展的影响 [J]. 旅游与摄影, 2021(9):20–21.

[101] 田磊, 张宗斌, 孙凤芝. 乡村非物质文化遗产与旅游业融合研究 [J]. 山东社会科学, 2021(5):123–128.

[102]　杨柳 . 乡村振兴战略背景下我国乡村旅游发展思考 [J]. 山西农经 ,2021(8):19–20.

[103]　胡明琦 , 张祖荻 . 乡村振兴背景下生态旅游脱贫问题与对策分析——以贵州省剑河县为例 [J]. 山西农经 ,2021(8):118–119.

[104]　齐斯琴图雅 . 乡村振兴战略视域下内蒙古传统村落文化传承研究——以通辽市阿古拉嘎查为例 [D]. 呼和浩特：内蒙古师范大学 ,2021.

[105]　李姝静 . 乡村学校的乡村文化建设研究以江苏扬州和盐城两所学校为例 [D]. 扬州：扬州大学 ,2021.

[106]　周莉 . 中国特色社会主义乡村文化振兴的理论逻辑与实践路径研究 [D]. 绵阳：西南科技大学 ,2021.

[107]　王一雄 . 乡村文化展示空间特色研究 [D]. 沈阳：鲁迅美术学院 ,2021.

附　录

阜阳市乡村旅游游客调查问卷

尊敬的游客：

您好，为了进一步了解我市乡村旅游市场发展情况，并针对乡村旅游现状制定相应的策略，现邀请您填写问卷。我们保证您填写的信息仅用于学术研究，不会泄露将您的个人资料，感谢您的配合。

1. 您的性别?

A. 男 　　　　　　　　　　　　　　B. 女

2. 您的职业是?

A. 公务员 　　　　　　　　　　　　B. 企事业单位从业人员

C. 服务销售人员 　　　　　　　　　D. 个人

E. 文教科技人员 　　　　　　　　　F. 学生

3. 您的文化程度?

A. 初中及以下 　　　　　　　　　　B. 高中

C. 大专 　　　　　　　　　　　　　D. 本科

E. 本科以上

4. 您的收入水平?

A. 1 000 元以下 　　　　　　　　　B. 1 000 ～ 3 000 元

C. 3 000 ～ 5 000 元 　　　　　　　D. 5 000 元以上

5. 您的年龄?
A. 18 岁以下
B. 18 ～ 30 岁
C. 30 ～ 50 岁
D. 50 岁以上

6. 您的居住地?

7. 您了解阜阳旅游景点的渠道是?
A. 电视
B. 旅行社
C. 亲朋好友推荐
D. 网络
E. 其他

8. 您一般选择什么时间游览乡村旅游景点?
A. 双休日
B. 单位休假
C. 节假日
D. 其他

9. 您通常采取哪种旅游形式?
A. 旅行社
B. 自驾游
C. 结伴游
D. 其他

10. 您来阜阳乡村游玩过几次?
A. 一次
B. 两次
C. 三次
D. 三次以上

11. 您此次旅游注重哪方面的消费? 哪方面还需要做出改善? （可多选）
A. 门票
B. 饮食
C. 娱乐
D. 住宿
E. 购物
F. 其他

12. 您认为哪方面还需要做出改善? （可多选）
A. 门票
B. 饮食
C. 娱乐
D. 住宿
E. 购物
F. 其他

13. 您此次旅游的目的是？（可多选）

A. 休闲度假   B. 游览观光

C. 购物   D. 体验

E. 其他

14. 您愿意购买哪类旅游商品？（可多选）

A. 手工艺品   B. 土特产

C. 有机农作物   D. 旅游纪念品

15. 您对阜阳市乡村旅游产业发展有什么建议？